O SACERDÓCIO CRISTÃO DE TODOS OS CRENTES

Editora Appris Ltda.
1.ª Edição - Copyright© 2024 do autor
Direitos de Edição Reservados à Editora Appris Ltda.

Nenhuma parte desta obra poderá ser utilizada indevidamente, sem estar de acordo com a Lei nº 9.610/98. Se incorreções forem encontradas, serão de exclusiva responsabilidade de seus organizadores. Foi realizado o Depósito Legal na Fundação Biblioteca Nacional, de acordo com as Leis nos 10.994, de 14/12/2004, e 12.192, de 14/01/2010.

Catalogação na Fonte
Elaborado por: Dayanne Leal Souza
Bibliotecária CRB 9/2162

B817s
2024
	Brandão, Reverendo Francisco DCB
	    O sacerdócio cristão de todos os crentes / Reverendo Francisco DCB Brandão. – 1. ed. – Curitiba: Appris, 2024.
	    159 p. ; 23 cm.
	
	    Inclui referências.
	    ISBN 978-65-250-6175-7
	
	    1. Sacerdócio universal. 2. Batista. 3. Igreja local. I. Brandão, Reverendo Francisco DCB. II. Título.
	
	                                                                                          CDD – 230.007

Editora e Livraria Appris Ltda.
Av. Manoel Ribas, 2265 – Mercês
Curitiba/PR – CEP: 80810-002
Tel. (41) 3156 - 4731
www.editoraappris.com.br

Printed in Brazil
Impresso no Brasil

Reverendo Francisco DCB Brandão

O SACERDÓCIO CRISTÃO DE TODOS OS CRENTES

Appris editora

Curitiba, PR
2024

FICHA TÉCNICA

EDITORIAL	Augusto Coelho
	Sara C. de Andrade Coelho
COMITÊ EDITORIAL	Ana El Achkar (UNIVERSO/RJ)
	Andréa Barbosa Gouveia (UFPR)
	Conrado Moreira Mendes (PUC-MG)
	Eliete Correia dos Santos (UEPB)
	Fabiano Santos (UERJ/IESP)
	Francinete Fernandes de Sousa (UEPB)
	Francisco Carlos Duarte (PUCPR)
	Francisco de Assis (Fiam-Faam, SP, Brasil)
	Jacques de Lima Ferreira (UP)
	Juliana Reichert Assunção Tonelli (UEL)
	Maria Aparecida Barbosa (USP)
	Maria Helena Zamora (PUC-Rio)
	Maria Margarida de Andrade (Umack)
	Marilda Aparecida Behrens (PUCPR)
	Marli Caetano
	Roque Ismael da Costa Güllich (UFFS)
	Toni Reis (UFPR)
	Valdomiro de Oliveira (UFPR)
	Valério Brusamolin (IFPR)
SUPERVISOR DA PRODUÇÃO	Renata Cristina Lopes Miccelli
PRODUÇÃO EDITORIAL	Daniela Nazário
REVISÃO	Katine Walmrath
DIAGRAMAÇÃO	Amélia Lopes
CAPA	Eneo Lage
REVISÃO DE PROVA	Sabrina Costa

Dedico esta obra à minha querida irmã e amiga, pastora Ruth Hermosa Kennedy, que foi uma mãe para as comunidades multiculturais de Kingston, no Ontario e no Canadá. Ruth é filha de uma missionária canadense que serviu na Bolívia e aprendeu, com sua mãe, o amor às almas perdidas. Ela foi incansável como professora de língua, como pastora e como amiga em apoiar a comunidade em suas mais diversas necessidades, sempre pregando o evangelho e tendo a fé como mais importante na vida do ser humano.

AGRADECIMENTOS

Minha gratidão ao apoio da minha esposa, Francisca Florencio Brandão, que, de sua maneira, me ajudou muito na consecução deste trabalho. E também aos meus filhos, Daniel José, David José e Sara Raquel. O incentivo constante e suporte foram fundamentais para que eu pudesse escrever este livro. Sem o apoio deles, esta obra simplesmente não existiria ou eu teria enfrentado muitas dificuldades para concluí-la. A presença e encorajamento de vocês foram uma fonte de força e inspiração ao longo de todo o processo de escrita. Sou profundamente grato por tê-los ao meu lado nesta jornada.

Agradeço, igualmente, ao meu irmão, professor Raimundo José Barbosa Brandão, e a todos os amigos, familiares e colegas que me apoiaram e encorajaram ao longo do caminho. Suas palavras de estímulo e apoio foram verdadeiramente inspiradoras.

E o maior agradecimento vai para Deus, Pai do nosso Senhor e Salvador Jesus Cristo, cuja graça e orientação foram a força motriz por trás deste projeto. Que este livro possa servir como uma fonte de bênçãos e inspiração para todos aqueles que o lerem.

Muito obrigado a todos.

Vós também, como pedras vivas, sois edificados casa espiritual e sacerdócio santo, para oferecerdes sacrifícios espirituais agradáveis a Deus por Jesus Cristo. 6 Por isso, também, na Escritura se contém: Eis que ponho em Sião a pedra principal da esquina, eleita e preciosa; e quem nela crer não será confundido. 7 E assim para vós, os que credes, é preciosa, mas, para os rebeldes, a pedra que os edificadores reprovaram, essa foi a principal da esquina; 8 E uma pedra de tropeço e rocha de escândalo, para aqueles que tropeçam na palavra, sendo desobedientes; para o que também foram destinados. 9 Mas vós sois a geração eleita, o sacerdócio real, a nação santa, o povo adquirido, para que anuncieis as grandezas daquele que vos chamou das trevas para a sua maravilhosa luz.

(1 Pedro 2:5-9)

PREFÁCIO

No Antigo Testamento, os sacerdotes não eram autonomeados, mas escolhidos por Deus. Eles eram escolhidos principalmente para servir a Deus com suas vidas, oferecendo sacrifícios e intercedendo em nome do povo de Deus. Desde o ministério vindouro de Jesus Cristo, não houve mais necessidade de sacrifícios, porque Seu sacrifício na cruz foi completo e encerrou todos os sacrifícios. Quando o véu no templo em Jerusalém foi rasgado em dois por Deus no momento da morte de Jesus, Deus estava dizendo que o sacerdócio do Antigo Testamento não era mais necessário. Os crentes agora podiam entrar diretamente na presença de Deus através do grande Sumo Sacerdote Jesus Cristo. Que bênção e privilégio poder ter acesso à própria presença de Deus, não através de nenhum sacerdote terreno, porque nós, como crentes, somos "um sacerdócio santo" (1 Pedro 2:5). Agora, somos escolhidos por Deus para "oferecer a Deus sacrifícios de louvor" (Hebreus 13:15) e proclamar os louvores daquele que nos chamou das trevas para a sua maravilhosa luz.

Neste livro de estudo, o Rev. Francisco Brandão nos ajuda a desenvolver e fortalecer nosso papel como sacerdócio dos crentes para melhor servir ao nosso Senhor, à Sua igreja e às pessoas que Deus coloca em nosso caminho. Que você seja enriquecido e usado poderosamente como Seu instrumento através deste livro de estudo.

Reverendo Isaac Amorin

Foi pastor das seguintes igrejas: Gospel Baptist Church, Cambridge, Ontário, Eastview Baptist Church. Ottawa, Ontário, Kipling Avenue Baptist Church, Toronto, Ontário, First Baptist Church, Tillsonburg, Ontário, Good News Church, Cambridge Ontário Consagrado e Pastor vinculado à Convenção Batista de Ontário e Quebec-CBOQ/Canadá.

PREFACE

In the Old Testament priests were not self-appointed but chosen by God. They were chosen primarily to serve God with their lives, by offering up sacrifices and to intercede on behalf of God's people. Since the coming ministry of Jesus Christ there was no more need for sacrifices because His sacrifice on the cross was complete and ended all sacrifices. When the veil in the temple in Jerusalem was torn in two by God at the time of Jesus' death, God was saying that the Old Testament priesthood was no longer necessary. Believers could now come into the direct presence of God through the great High Priest Jesus Christ. What a blessing and privilege to be able to have access to the very presence of God, not through any earthly priest because we, as believers, are "a holy priesthood" (1 Peter 2:5). We are now chosen by God to "offer to God sacrifices of praise" (Hebrews 13:15) and to proclaim the praises of Him who called us out of darkness into His marvelous light.

In this study book Rev. Francisco Brandão helps us to develop and strengthen our role as the priesthood of believers to better serve our Lord, His church, and the people that God brings into our path. May you be enriched and used mightily as His vessel through this study book.

APRESENTAÇÃO

A presente obra investiga o conceito do sacerdócio universal dos crentes, uma doutrina cristã que destaca o acesso direto de todos os fiéis a Deus, dispensando a mediação de um sacerdote humano. Cada crente é reconhecido como um sacerdote, desfrutando do privilégio de se aproximar de Deus e interceder em nome próprio.

O livro explora as bases bíblicas que fundamentam essa doutrina, delineando sua evolução histórica, examinando seu significado teológico e refletindo sobre as formas pelas quais ela pode ser moldada na prática da espiritualidade cristã contemporânea. Direcionado à formação e capacitação de líderes cristãos, a obra busca aprofundar o entendimento sobre o sacerdócio de todos os crentes, utilizando a Bíblia como principal fonte de referência e estabelecendo conexões significativas com o contexto atual da fé e da religião.

Como proposta de Capacitação para o Serviço e Liderança na Comunidade de Fé materializa-se como um curso *on-line* estruturado em dez módulos, cada um com uma carga horária de quatro horas. Enriquecido pela abordagem de temas relevantes para o cotidiano do cristão, como os fundamentos da doutrina, a fé cristã, a comunidade de fé, a liderança na igreja, a responsabilidade cristã, o evangelismo, a missão, o discipulado, a espiritualidade pessoal, o serviço na igreja, a oração, a vida devocional, os ministérios da igreja local, a administração e gestão, a ética cristã e a história da igreja cristã, ressalta-se a necessidade do comprometimento dos membros da igreja local no serviço de adoração a Deus.

Dessa forma, o objetivo fundamental desta obra é despertar um renovado interesse para o ministério do Sacerdócio Real, conduzindo a uma vida espiritual mais efetiva em honra e glória do nosso Senhor e Salvador Jesus Cristo.

SUMÁRIO

MÓDULO I
FUNDAMENTOS DA DOUTRINA DO SACERDÓCIO CRISTÃO DE TODOS OS CRENTES 21
Eficiência no exercício do sacerdócio cristão de todos os crentes 21
Doutrina do sacerdócio cristão e a missão da igreja 23
Doutrina para a vida da igreja 24
Participação ativa de todos os membros da igreja 26
Responsabilidade do crente como sacerdote 27
Relação entre o Sacerdócio Universal de todos os crentes e
o Ministério Pastoral na igreja local 28
Papel do sacerdócio na adoração e nos sacramentos 29
Reflexão final sobre a importância da doutrina do sacerdócio
de todos os crentes para a vida e missão da igreja 30

MÓDULO II
INTRODUÇÃO À BÍBLIA: A FONTE DE AUTORIDADE PARA A FÉ CRISTÃ — DOUTRINA DA TRINDADE 32
Doutrina da Trindade 33
A pessoa e a obra de Jesus Cristo 33
Encarnação de Jesus 34
Morte e ressurreição de Jesus 35
Obra redentora de Jesus 36
Salvação e graça 37
Importância da igreja local 38
Adoração e ensino 38
Missão evangelística 39
Apoio e encorajamento 40
Amor mútuo 42
Reconhecimento histórico 42
Necessidade de congregação 43
Flexibilidade de localização 44
Reavivamento da igreja local: uma jornada espiritual 45

MÓDULO III
COMUNIDADE DE FÉ 48

A importância da comunhão na igreja ...48
Definição de comunhão e sua relação com a vida cristã ...49
Primeiro o Reino de Deus na Comunhão Cristã ...50
Comunhão na Bíblia e na história da Igreja ...51
Comunhão como fator essencial para o crescimento espiritual
e emocional dos membros da igreja ...53
Comunidade Batista forte e unida ...54
Oração ...54
Comunicação ...54
Discipulado ...55
Adoração ...55
Cultivo de relacionamentos saudáveis ...55
Estratégias de comunicação e colaboração entre os membros da igreja ...57
Promoção de eventos e atividades para incentivar a participação
e integração dos membros da igreja ...58
Cuidar das necessidades dos membros da igreja local ...60
Cuidado pastoral e discipulado ...61
Procedimentos para a identificação das necessidades físicas, emocionais
e espirituais dos membros da igreja local ...63
Ambiente acolhedor e inclusivo para todos os membros da igreja local,
independentemente de suas diferenças ...64

MÓDULO IV
LIDERANÇA NA IGREJA E A RESPONSABILIDADE DE TODOS OS CRISTÃOS EM SERVIR A DEUS E AO PRÓXIMO ...66

Liderança na igreja ...66
Natureza da liderança na igreja ...67
Características da liderança na igreja ...67
Responsabilidades da liderança na igreja ...67
Impacto da liderança fundadora da igreja no futuro da igreja local
e da convenção Batista ...69
Princípios bíblicos da liderança na igreja local ...71
Todos os cristãos devem ser líderes em suas áreas de atuação ...73
Responsabilidade do líder cristão ...75
Estratégias práticas para o desenvolvimento de habilidades de liderança
e capacidade de delegar tarefas ...76
Desenvolvimento de habilidades de liderança ...76
Capacidade de delegar tarefas ...77

Comunicação efetiva e tomada de decisões 80
Aprendendo com líderes exemplares 82
Lições de liderança cristã: exemplos bíblicos e contemporâneos aplicados
à vida diária e à condução da igreja 84

MÓDULO V
EVANGELISMO, MISSÃO, DISCIPULADO
E ESPIRITUALIDADE PESSOAL 85
Evangelismo e missão da igreja 86
Técnicas de comunicação e evangelismo pessoal 87
Visão missionária da igreja..88
Alcançando a comunidade local..90
Discipulado na igreja local 92
Espiritualidade na igreja local 94
Vida pessoal de oração e leitura bíblica..96

MÓDULO VI
SERVIÇO NA IGREJA E NA COMUNIDADE 98
Talentos e habilidades no serviço da igreja e da comunidade 99
Ministério na igreja e na comunidade..100
Necessidades da igreja local e da comunidade 101
Capacitar membros da igreja para o serviço do Rei 102
Diferentes funções na igreja..104
Trabalho em equipe na igreja local 106
Programas de motivação 108

MÓDULO VII
VIDA DEVOCIONAL 111
Oração e vida devocional 111
Vida de oração eficaz..113
Diferentes tipos de oração 114
Orar pelos outros...116
Vida devocional 117
Vida devocional diária..118
Plano de leitura bíblica 118
Faça anotações e medite nas Escrituras..119
Pratique a oração 119
Leitura bíblica e estudo pessoal 120
Meditação e reflexão 120

Culto e adoração 121
Culto e adoração na vida da igreja e dos membros 122
Liderança de culto 123
Música na adoração 124
Culto e vida cotidiana 125

MÓDULO VIII
MINISTÉRIOS DA IGREJA LOCAL 127
Ministérios na igreja local 127
Escolhendo e desenvolvendo ministério específico na igreja e na comunidade 129
Capacitando membros para o serviço 131
Comunidade local e global: justiça social e missão da igreja 132
Papel da igreja na promoção da paz, reconciliação e ação social 133
Missão da igreja e ministério local 134

MÓDULO IX
ÉTICA CRISTÃ 136
Fundamentos bíblicos da ética cristã 136
Relação entre ética e moral 137
Aplicação prática dos princípios éticos na vida diária do cristão 138
Temas éticos relevantes na sociedade contemporânea 139
Ética cristã na igreja 140
Princípios éticos na liderança da igreja e questões éticas entre os membros 141
Ética cristã na sociedade e o papel da igreja na sociedade 142
Exemplos práticos de aplicação da ética cristã em questões sociais relevantes 142
Aplicação e exemplos práticos da ética cristã na vida ministerial 143

MÓDULO X
ADMINISTRAÇÃO E GESTÃO NA IGREJA LOCAL 145
Administração e gestão na igreja local 145
Administração e gestão: assembleia de membros, conselho de diáconos ou comitê executivo 146
Estrutura organizacional da igreja e gestão de finanças na igreja 147
Gestão de recursos humanos na igreja local 148
Princípios da teoria da administração na gestão da igreja local 149
Denominação cristã Batista: uma retrospectiva histórica de 1609 a 2024 150
Batistas e a luta pela liberdade religiosa: um olhar à luz do contexto universal da Igreja 151

REFERÊNCIAS BIBLIOGRÁFICAS 153

MÓDULO I

FUNDAMENTOS DA DOUTRINA DO SACERDÓCIO CRISTÃO DE TODOS OS CRENTES

No primeiro módulo, dedicaremos nossa atenção aos fundamentos essenciais da doutrina do sacerdócio de todos os crentes, analisando suas origens e seu desenvolvimento ao longo da história. Além disso, examinaremos as implicações dessa doutrina na vida da igreja, destacando a relevância da participação ativa de cada membro. Durante nossa jornada de estudo, iremos explorar diversos tópicos, que incluem:

Eficiência no exercício do sacerdócio cristão de todos os crentes

Neste tópico, exploraremos a temática de "Como se tornar eficiente no exercício do sacerdócio cristão de todos os crentes", fundamentando-nos no versículo 1 Pedro 2:9. Para isso, adotaremos cinco verbos fundamentais que proporcionarão uma compreensão mais aprofundada sobre como aprimorar nosso desempenho no papel de cristãos. São eles: Aceitar (Apocalipse 3:20), Permanecer (João 15:4–5), Imitar (1 Coríntios 11:1), Proclamar (Marcos 16:15) e Evidenciar (Mateus 5:13–14). Com o treinamento apropriado, temos o potencial de nos transformar em verdadeiros sacerdotes, cumprindo assim a vontade de Deus em nossas vidas.

O sacerdócio cristão de todos os crentes é um conceito fundamental na teologia protestante. Segundo esse ensinamento, todos os cristãos são sacerdotes e têm acesso direto a Deus por meio de Jesus Cristo. Nesse sentido, todos são chamados a exercer um papel ativo no serviço do Reino de Deus. Mas como podemos nos tornar mais eficientes nessa função?

O primeiro passo é aceitar o convite de Jesus para estar em comunhão com Ele. Em Apocalipse 3:20, Ele diz: "Eis que estou à porta e bato;

se alguém ouvir a minha voz e abrir a porta, entrarei em sua casa e cearei com ele, e ele comigo". Aceitar o convite de Jesus é o primeiro passo para nos tornarmos eficientes no exercício do sacerdócio cristão.

Além disso, é fundamental permanecer em Cristo. Em João 15:4–5, Jesus nos ensina: "Permanecei em mim, e eu permanecerei em vós; como a vara de si mesma não pode dar fruto, se não permanecer na videira, assim também vós, se não permanecerdes em mim. Eu sou a videira, vós as varas; quem permanece em mim e eu nele, esse dá muito fruto, porque sem mim nada podeis fazer". Permanecer em Cristo significa estar em constante comunhão com Ele por meio da oração, da leitura da Bíblia e da prática dos ensinamentos de Jesus.

O terceiro verbo fundamental é "imitar". Em 1 Coríntios 11:1, Paulo nos exorta a imitá-lo, assim como ele imita a Cristo. Isso significa que devemos seguir o exemplo dos líderes espirituais em nossas vidas, que nos mostram como viver como cristãos. Devemos buscar mentores e modelos que possam nos guiar em nossa jornada espiritual.

O quarto verbo fundamental é "proclamar". Em Marcos 16:15, Jesus ordena que seus discípulos vão pelo mundo e proclamem o evangelho a toda criatura. Isso significa que devemos compartilhar a boa nova de Jesus com os outros, não apenas através de nossas palavras, mas também através de nossas ações. Devemos ser testemunhas vivas de Cristo em tudo o que fazemos.

Por fim, o quinto verbo fundamental é "evidenciar". Em Mateus 5:13–14, Jesus nos chama de sal da terra e luz do mundo. Isso significa que devemos ser diferentes dos outros e refletir a luz de Cristo em nossas vidas. Devemos ser exemplos para os outros, mostrando-lhes como uma vida transformada por Jesus pode ser.

Em conclusão, para nos tornarmos eficientes no exercício do sacerdócio cristão de todos os crentes, devemos aceitar a Cristo em nossas vidas, permanecer em sua presença, imitar seu exemplo, proclamar o evangelho e evidenciar a transformação que Cristo operou em nossas vidas. Com a prática desses verbos fundamentais, podemos nos tornar verdadeiros sacerdotes que cumprem a vontade de Deus em nossas vidas.

Doutrina do sacerdócio cristão e a missão da igreja

A doutrina do sacerdócio é um tema central da teologia cristã e tem implicações significativas para a missão da igreja. Neste ensaio, exploraremos as principais doutrinas do sacerdócio e como elas se relacionam com a missão da igreja, utilizando versículos bíblicos e citações de teólogos cristãos.

A doutrina do sacerdócio afirma que todos os crentes são sacerdotes em Cristo, tendo acesso direto a Deus e a capacidade de ministrar uns aos outros (1 Pedro 2:5-9). Isso significa que não há necessidade de um intermediário humano, como um sacerdote ou pastor, para se conectar com Deus. Através do sacerdócio de Cristo, somos capazes de oferecer a Deus sacrifícios espirituais (Hebreus 13:15-16), e somos capacitados pelo Espírito Santo a ministrar uns aos outros (Romanos 12:4-8). Essa doutrina é fundamental para entendermos a missão da igreja e como devemos viver nossas vidas como cristãos.

A doutrina do sacerdócio é amplamente discutida na teologia cristã e tem sido objeto de debate em diferentes tradições denominacionais. Em geral, a doutrina é baseada na afirmação bíblica de que todos os crentes são sacerdotes em Cristo, como já mencionado. No entanto, há diferentes interpretações sobre o que isso significa na prática e como o sacerdócio dos crentes se relaciona com a liderança e a autoridade na igreja.

Wayne Grudem, em sua obra *Teologia Sistemática: atual e exaustiva*, destaca que o sacerdócio universal dos crentes é uma das principais doutrinas da Reforma Protestante. Ele afirma que essa doutrina é importante porque ressalta a importância do acesso direto de todos os crentes a Deus e a responsabilidade de cada um em servir ao corpo de Cristo (Grudem, 1999).

Outro teólogo cristão que aborda o tema é John Stott, em seu livro *A cruz de Cristo*. Stott destaca que o sacerdócio dos crentes não deve ser visto como um privilégio exclusivo, mas como um chamado para servir ao corpo de Cristo. Ele ressalta que a igreja é uma comunidade de servos e que todos os dons e talentos devem ser usados para a edificação do corpo (Stott, 2014).

Além desses autores, há outros teólogos que têm contribuído para o desenvolvimento da doutrina do sacerdócio, como Emil Brunner, Karl Barth, Dietrich Bonhoeffer e Martin Luther. Cada um deles traz uma abordagem particular para o tema, ressaltando diferentes aspectos do sacerdócio dos crentes.

A doutrina do sacerdócio é fundamental para entendermos a nossa posição em Cristo e a nossa missão como igreja. Como sacerdotes em Cristo, temos o privilégio e a responsabilidade de servir uns aos outros em amor e proclamar o evangelho de Cristo ao mundo. Essa doutrina nos mostra que não há intermediários entre Deus e o crente, e que todos são chamados a servir e contribuir para o bem do corpo de Cristo. Além disso, a missão da igreja de proclamar o evangelho de Cristo é possível graças ao sacerdócio de todos os crentes, que capacita cada um a compartilhar as boas novas da salvação em Cristo. Portanto, é importante buscar o treinamento adequado para exercer com eficiência o sacerdócio cristão e cumprir a missão que Deus nos confiou. Que possamos sempre nos lembrar da nossa posição em Cristo e da nossa responsabilidade como sacerdotes em servir ao próximo e proclamar o evangelho a todos os povos.

Doutrina para a vida da igreja

A doutrina desempenha um papel de alta importância na vida da igreja, constituindo-se no conjunto de crenças e ensinamentos fundamentais que moldam a fé e as práticas da comunidade cristã. Sua importância é manifesta ao longo de toda a Bíblia, onde encontramos inúmeros exemplos que ilustram como a doutrina direciona a trajetória do povo de Deus. Neste ensaio, buscaremos explorar a vitalidade da doutrina para a vida da igreja, apoiando nossas reflexões em citações de teólogos e versículos bíblicos que fundamentam essa afirmação.

Iniciaremos nossa análise com a definição do teólogo reformado Louis Berkhof (1941, p. 290), que concebe a doutrina como "o conjunto de verdades reveladas por Deus na Bíblia, que a igreja deve crer, guardar e transmitir de geração em geração". Essa definição ressalta que a doutrina é um legado conferido à igreja por meio da revelação divina, incumbindo-lhe a responsabilidade de preservá-la e transmiti-la com fidelidade.

Além disso, a doutrina é importante porque ela é a base da comunhão cristã. Quando um grupo de pessoas compartilha as mesmas crenças e valores, isso cria um vínculo de unidade e comunhão que vai além das diferenças culturais e pessoais. O apóstolo Paulo expressa essa ideia quando escreve aos efésios: "há um só corpo e um só Espírito, como também fostes chamados em uma só esperança da vossa vocação; um só Senhor, uma só fé, um só batismo" (Efésios 4:4–5).

Outro aspecto importante da doutrina é a sua função como fonte de orientação moral. A doutrina não é apenas um conjunto de verdades abstratas, mas também um guia para a conduta cristã. Por exemplo, a doutrina da Trindade, que afirma que Deus é uma única essência divina em três pessoas distintas (Pai, Filho e Espírito Santo), nos ensina que a comunhão e o amor mútuo são valores supremos da vida cristã. Jesus Cristo também nos deixou diversas doutrinas éticas, como o amor ao próximo, a humildade e a generosidade, que são fundamentais para a vida da igreja.

Por fim, podemos destacar a importância da doutrina como instrumento de defesa da fé. Em um mundo cada vez mais secularizado e hostil à religião, a doutrina é uma arma valiosa na defesa do evangelho. O apóstolo Pedro nos exorta a estar "sempre preparados para responder a todo aquele que vos pedir a razão da esperança que há em vós" (1 Pedro 3:15), e a doutrina é uma ferramenta essencial para isso.

Em conclusão, a doutrina emerge como um elemento fundamental para a vida da igreja, sendo o alicerce composto por verdades reveladas por Deus que moldam a fé e as práticas dos cristãos. Sua importância transcende a mera formulação teórica, estendendo-se à comunhão cristã, à orientação moral e à defesa da fé. Dessa forma, é imperativo que a igreja dedique tempo e esforço ao estudo e preservação de sua doutrina, seguindo o exemplo de renomados teólogos ao longo da história, e que a Igreja contemporânea siga essa tradição, valorizando a doutrina como algo essencial para sua vida e missão. Adentrando a especificidade da doutrina da Igreja Batista, compreendemos que ela constitui um conjunto de crenças e práticas que definem a identidade dessa denominação. Ao enfatizar a autoridade da Bíblia como a única regra de fé e prática, a visão simbólica e por imersão do batismo, a autonomia das igrejas locais e a missão evangelística, os batistas delineiam uma doutrina rica e distintiva. É crucial para os cristãos estudarem e compreenderem esses aspectos, possibilitando a vivência em conformidade com os princípios bíblicos e contribuindo para o crescimento da comunidade de fé. Que a busca por compreensão e aplicação da doutrina seja uma constante na jornada da igreja, fortalecendo sua identidade e propósito.

Participação ativa de todos os membros da igreja

A participação ativa de todos os membros da igreja é fundamental para o crescimento e a saúde da comunidade de fé. Quando cada membro é encorajado e capacitado a contribuir com seus dons e talentos, a igreja se torna mais eficaz em sua missão de pregar o evangelho e cuidar das necessidades dos membros. Neste ensaio, vamos explorar a importância da participação ativa de todos os membros da igreja, citando referências de obras de teólogos e versículos bíblicos que fundamentam essa prática.

O teólogo e pastor John Stott (1994, p. 94) afirmou que "a igreja é uma comunidade, não uma instituição, e cada membro é um ministro, não um consumidor". Isso significa que cada membro da igreja tem um papel a desempenhar na edificação da comunidade, e não apenas os líderes ou pastores. Os dons espirituais, habilidades e experiências de cada pessoa devem ser valorizados e utilizados para a glória de Deus e o bem da igreja.

Um exemplo bíblico de participação ativa dos membros da igreja é encontrado na carta de Paulo aos Romanos. O apóstolo escreveu: "Assim como cada um de nós tem um corpo com muitos membros e esses membros não exercem todos a mesma função, assim também em Cristo nós, que somos muitos, formamos um corpo, e cada membro está ligado a todos os outros" (Romanos 12:4–5). Aqui, Paulo usa a analogia do corpo humano para ilustrar a importância de cada membro da igreja e sua interdependência.

Outro exemplo bíblico de participação ativa dos membros da igreja é encontrado na primeira carta de Pedro. O apóstolo escreveu: "Cada um exerça o dom que recebeu para servir os outros, administrando a graça de Deus de várias formas" (1 Pedro 4:10). Aqui, Pedro destaca a importância de cada membro da igreja utilizar seus dons e talentos para servir aos outros e glorificar a Deus.

Além disso, o teólogo e pastor Tim Keller enfatiza que a participação ativa de todos os membros da igreja é crucial para a saúde espiritual da comunidade. Ele afirma que "quando cada pessoa da igreja é responsável pelo seu próprio crescimento espiritual, isso cria uma cultura de discipulado e ajuda a evitar a estagnação espiritual" (Keller, 2017, p. 114).

Em resumo, a participação ativa de todos os membros da igreja é crucial para o crescimento e a saúde da comunidade de fé. Cada membro tem um papel importante a desempenhar na edificação da igreja, e seus dons e talentos devem ser valorizados e utilizados para a glória de Deus. Os exemplos bíblicos de Paulo e Pedro, juntamente com a perspectiva do teólogo Tim Keller, nos encorajam a incentivar e capacitar todos os membros da igreja a participar ativamente na vida da comunidade.

Responsabilidade do crente como sacerdote

A responsabilidade do crente como sacerdote é um tema fundamental na teologia cristã, especialmente na tradição reformada. A ideia de que todo crente é um sacerdote se baseia no ensino bíblico do sacerdócio universal dos crentes, que afirma que todos os cristãos têm acesso direto a Deus por meio de Cristo, sem a necessidade de intermediários humanos. Neste ensaio, vamos explorar a responsabilidade do crente como sacerdote, citando referências de obras de teólogos e versículos bíblicos que fundamentam essa doutrina.

O teólogo reformado Abraham Kuyper (1898, p. 166) afirmou que "cada crente é um sacerdote, e cada sacerdote é um ministro". Isso significa que todo crente tem o privilégio e a responsabilidade de servir a Deus e ao próximo como um sacerdote. Essa responsabilidade envolve adorar a Deus, orar pelos outros, pregar o evangelho, cuidar dos necessitados e defender a verdade.

Um exemplo bíblico da responsabilidade do crente como sacerdote é encontrado na primeira carta de Pedro. O apóstolo escreveu: "Vocês são a raça escolhida, o sacerdócio real, a nação santa, o povo que pertence a Deus, para proclamar as grandezas daquele que os chamou das trevas para a sua maravilhosa luz" (1 Pedro 2:9). Aqui, Pedro destaca a posição especial dos cristãos como um sacerdócio real, com o objetivo de proclamar as grandezas de Deus.

Além disso, o teólogo reformado John Calvin enfatizou a responsabilidade do crente como sacerdote em sua obra *Institutas da religião cristã*. Ele afirmou que "os cristãos são sacerdotes para que possam oferecer a Deus um culto espiritual e puro" (Calvin, 1559, livro 2, capítulo 8). Aqui, Calvin destaca que a responsabilidade do crente como sacerdote envolve oferecer a Deus um culto espiritual e puro, baseado na verdadeira adoração e obediência.

Em resumo, a responsabilidade do crente como sacerdote é uma doutrina fundamental na teologia cristã. Todo crente tem o privilégio e a responsabilidade de servir a Deus e ao próximo como um sacerdote, envolvendo adorar a Deus, orar pelos outros, pregar o evangelho, cuidar dos necessitados e defender a verdade. O exemplo bíblico de Pedro, juntamente com a perspectiva dos teólogos reformados Abraham Kuyper e John Calvin, nos encorajam a abraçar essa responsabilidade com humildade e dedicação.

Relação entre o Sacerdócio Universal de todos os crentes e o Ministério Pastoral na igreja local

A relação entre o sacerdócio universal de todos os crentes e o ministério pastoral na igreja local é um tema importante na teologia e na prática eclesiológica. A doutrina do sacerdócio universal dos crentes afirma que todos os cristãos têm acesso direto a Deus por meio de Jesus Cristo e são capacitados pelo Espírito Santo a servir a Deus e ao próximo. Por outro lado, o ministério pastoral é uma vocação especial de liderança e ensino na igreja local. Neste ensaio, vamos explorar a relação entre essas duas realidades, citando referências de obras de teólogos e versículos bíblicos que fundamentam essa relação.

O teólogo reformado Martinho Lutero foi um dos primeiros a desenvolver a doutrina do sacerdócio universal dos crentes, afirmando que "todos os cristãos são sacerdotes, todos são iguais perante Deus" (Lutero, 1520, p. 144). Essa ideia se baseia na afirmação bíblica de que Jesus Cristo é o único mediador entre Deus e os homens (1 Timóteo 2:5) e que todos os crentes têm acesso direto a Deus por meio dele (Hebreus 4:14–16).

Porém, o fato de todos os crentes serem sacerdotes não significa que todos têm a mesma função ou responsabilidade na igreja local. O apóstolo Paulo escreveu que Deus concedeu "uns para apóstolos, outros para profetas, outros para evangelistas, e outros para pastores e mestres" (Efésios 4:11). O ministério pastoral é uma vocação especial de liderança e ensino na igreja local, e sua função é equipar e orientar os crentes para o serviço e a missão de Deus.

O teólogo John Stott, em sua obra *A igreja autêntica*, destaca que "o sacerdócio universal dos crentes não significa que todos os crentes sejam chamados para o ministério pastoral" (Stott, 1994, p. 83). Ele afirma que o ministério pastoral é uma vocação específica e que requer habilidades e dons especiais, incluindo o ensino da Palavra de Deus, a liderança e o pastoreio do rebanho.

Em resumo, a relação entre o sacerdócio universal dos crentes e o ministério pastoral na igreja local é uma questão importante na teologia e na prática eclesiológica. Enquanto todos os crentes são sacerdotes e têm o privilégio e a responsabilidade de servir a Deus e ao próximo, o ministério pastoral é uma vocação específica de liderança e ensino na igreja local. A doutrina do sacerdócio universal dos crentes não diminui a importância do ministério pastoral, mas, ao contrário, o fortalece, uma vez que o ministério pastoral é fundamental para equipar e orientar os crentes para o serviço e a missão de Deus.

Papel do sacerdócio na adoração e nos sacramentos

O sacerdócio é um tema fundamental na teologia cristã e possui um papel importante na adoração e nos sacramentos. A ideia do sacerdócio é que cada crente é um sacerdote, tendo acesso direto a Deus através de Jesus Cristo. Isso significa que não há necessidade de intermediários para se aproximar de Deus, pois todos os crentes têm essa função de sacerdote em suas vidas.

O sacerdócio universal é baseado em passagens bíblicas, como 1 Pedro 2:9: "Vós, porém, sois raça eleita, sacerdócio real, nação santa, povo de propriedade exclusiva de Deus, cujo propósito é proclamar as grandezas daquele que vos chamou das trevas para a sua maravilhosa luz". Essa passagem destaca que todos os crentes são sacerdotes e que o propósito deles é proclamar as grandezas de Deus.

No entanto, isso não significa que não há mais um papel para o ministério pastoral na igreja local. O ministério pastoral tem a função de ensinar, orientar, liderar e cuidar das necessidades espirituais da comunidade. Eles são os líderes que ajudam a orientar os crentes em sua caminhada cristã, e também são responsáveis pela administração dos sacramentos.

Os sacramentos, como a Ceia do Senhor e o Batismo, são importantes para a vida da igreja e devem ser administrados pelos líderes da igreja.

Embora todos os crentes sejam sacerdotes, isso não significa que eles têm o direito de administrar os sacramentos. A administração dos sacramentos é um papel específico dos líderes da igreja, que são ordenados para essa função.

Portanto, a relação entre o sacerdócio universal de todos os crentes e o ministério pastoral na igreja local é complementar. Enquanto os crentes são sacerdotes e têm acesso direto a Deus, os líderes da igreja têm a função de liderança, ensino e administração dos sacramentos. Ambos os papéis são importantes para a vida da igreja.

Reflexão final sobre a importância da doutrina do sacerdócio de todos os crentes para a vida e missão da igreja

A doutrina do sacerdócio de todos os crentes é uma das mais importantes da teologia cristã, pois afirma que todos os crentes são sacerdotes e têm acesso direto a Deus através de Jesus Cristo. Essa doutrina tem implicações profundas para a vida e missão da igreja, pois ela destaca a importância da participação ativa de todos os membros na vida da comunidade.

A ideia do sacerdócio universal é baseada em passagens bíblicas, como 1 Pedro 2:5-9: "Vós também, como pedras vivas, sois edificados casa espiritual e sacerdócio santo, para oferecer sacrifícios espirituais agradáveis a Deus por Jesus Cristo. [...] Mas vós sois raça eleita, sacerdócio real, nação santa, povo de propriedade exclusiva de Deus, cujo propósito é proclamar as grandezas daquele que vos chamou das trevas para a sua maravilhosa luz".

Essas passagens destacam que todos os crentes são sacerdotes e que têm a responsabilidade de oferecer sacrifícios espirituais a Deus. Essa responsabilidade inclui a adoração, a oração, o estudo da Palavra de Deus, a comunhão com os irmãos e a missão da igreja.

A importância da doutrina do sacerdócio de todos os crentes para a vida da igreja é que ela destaca a necessidade da participação ativa de todos os membros na vida da comunidade. Todos os membros são chamados a desempenhar um papel ativo na adoração, na oração, no ensino e no serviço da igreja. Isso significa que não há lugar para a passividade ou para a exclusão de alguns membros da comunidade.

Além disso, a doutrina do sacerdócio de todos os crentes é importante para a missão da igreja. Todos os crentes são chamados a proclamar as grandezas de Deus e a testemunhar o amor de Cristo para o mundo. Isso significa que todos os membros têm um papel ativo na evangelização e na obra missionária da igreja.

No entanto, é importante destacar que a doutrina do sacerdócio de todos os crentes não significa que não há mais lugar para o ministério pastoral na igreja. Os líderes da igreja têm a função de ensino, liderança e cuidado pastoral, e são responsáveis por orientar e equipar os membros para o ministério.

Em resumo, a doutrina do sacerdócio de todos os crentes é essencial para a vida e missão da igreja, pois destaca a importância da participação ativa de todos os membros na vida da comunidade e na obra missionária de Deus. Todos os crentes são chamados a desempenhar um papel ativo na adoração, na oração, no ensino e no serviço da igreja, enquanto os líderes da igreja têm a função de ensinar, liderar e cuidar pastoralmente dos membros.

MÓDULO II

INTRODUÇÃO À BÍBLIA: A FONTE DE AUTORIDADE PARA A FÉ CRISTÃ — DOUTRINA DA TRINDADE

Neste segundo módulo, exploramos a importância central da Bíblia como a fonte primária de autoridade para a fé cristã. A Bíblia, considerada pelos cristãos como a Palavra de Deus, é abordada juntamente com conceitos fundamentais, tais como a doutrina da Trindade, a pessoa e a obra de Jesus Cristo, a salvação e a graça, além da relevância da igreja local. Este tópico visa proporcionar uma compreensão mais ampla da natureza da Bíblia, discutindo sua composição e explorando os principais gêneros literários presentes na Escritura.

A Bíblia é um conjunto de 66 livros escritos por diferentes autores ao longo de aproximadamente 1.500 anos, abrangendo diversos contextos culturais e históricos. A crença na inspiração divina da Bíblia, conhecida como a doutrina da inerrância bíblica, ressalta sua natureza livre de erro e verdadeira em todas as suas afirmações. A divisão da Bíblia em duas partes principais, o Antigo e o Novo Testamento, compreende respectivamente a história de Israel, a lei, a sabedoria, a profecia e, no Novo Testamento, a vida, morte e ressurreição de Jesus Cristo e a história da Igreja primitiva. Além disso, são explorados os diferentes gêneros literários presentes na Bíblia, tais como narrativa histórica, poesia, ensino moral e profecia, cada qual exigindo uma interpretação adequada para compreensão de seu significado. A disciplina da hermenêutica é destacada como essencial para estabelecer princípios e métodos que promovam uma leitura correta e coerente da Bíblia. Em última análise, a Bíblia é reconhecida como a fonte primordial de autoridade para a fé cristã, guiando os cristãos em sua vida espiritual e moral, proporcionando sabedoria e discernimento, e incentivando o estudo e aplicação diários para o crescimento na fé e no relacionamento com Deus.

Doutrina da Trindade

A revelação de Deus na Bíblia é uma das bases fundamentais da doutrina da Trindade. A Bíblia é a principal fonte de conhecimento sobre Deus e sua natureza, e a doutrina da Trindade é uma compreensão do que a Bíblia ensina sobre Deus como Pai, Filho e Espírito Santo.

A revelação de Deus na Bíblia tem sido afirmada pelos teólogos ao longo da história da Igreja. Eles acreditam que a Bíblia é a Palavra de Deus e que tudo o que é necessário para a salvação e para viver uma vida piedosa é encontrado nela.

A Bíblia ensina que Deus é amoroso, justo e misericordioso. Ele é o criador de todas as coisas e é soberano sobre tudo o que acontece na terra. Deus também é uma comunidade de pessoas: Pai, Filho e Espírito Santo. Cada pessoa da Trindade é distinta, mas compartilha a mesma natureza divina.

A doutrina da Trindade foi formulada pelos primeiros pais da Igreja, que acreditavam que a Bíblia ensinava que Deus é uma trindade de pessoas. Eles argumentavam que as escrituras ensinam que o Pai é Deus, que Jesus Cristo é Deus e que o Espírito Santo é Deus. Eles também enfatizavam que esses três são distintos, mas não separados, e que cada pessoa da Trindade é totalmente Deus.

Essa doutrina foi defendida e aprofundada ao longo da história da Igreja, e é hoje uma das principais crenças da fé cristã. A compreensão da natureza de Deus, como revelada na doutrina da Trindade, é essencial para a fé cristã e para a vida espiritual. É por meio da Trindade que Deus se revela e se relaciona com a humanidade, trazendo salvação, cura e restauração.

A pessoa e a obra de Jesus Cristo

Segundo a história, Jesus Cristo foi crucificado pelos romanos. Ele era um profeta judeu que viveu na Palestina no século I d.C. e durante sua vida trouxe uma mensagem de libertação a Israel. Embora a libertação fosse espiritual, foi entendida como um possível golpe de Estado para derrubar o domínio de César. O Jesus espiritual, chamado Jesus Cristo, figura central na fé cristã, é o centro da compreensão da mensagem evangélica e do plano salvífico divino para a humanidade. Para entender quem é Jesus, precisamos analisar a pessoa e a obra dele, investigando sua encarnação, morte e ressurreição, além de abordar sua significativa contribuição redentora. Ele proporciona não apenas uma base teológica sólida, mas também uma fonte inesgotável de inspiração para todos que buscam a verdadeira essência da fé cristã.

Dessa forma, é incontestável que Jesus Cristo, central na fé cristã, não se resume meramente a uma figura histórica, mas sim à personificação do plano divino para a salvação da humanidade. Tanto sua vida quanto sua obra formam os fundamentos sólidos nos quais repousa a mensagem transformadora do evangelho. Essa dualidade, entre a história e a divindade, estabelece a base sobre a qual a fé cristã se edifica, oferecendo uma narrativa rica em significado e inspiração para aqueles que buscam compreender a verdadeira essência do cristianismo.

Encarnação de Jesus

O significado teológico da encarnação de Jesus nos leva a entender que a encarnação de Jesus é o pilar teológico mais significativo de sua vida terrena. Essencialmente, ela representa o momento divino em que Deus, de maneira transcendente, assumiu a forma humana e coabitou conosco, conforme expresso no Evangelho de João (João 1:14). Esse evento singular não apenas testifica o amor profundo de Deus pela humanidade, mas também evidencia Sua disposição em descer do céu para habitar entre nós, oferecendo redenção.

O nascimento de Jesus, ocorrido através de uma virgem, Maria, pelo poder do Espírito Santo (Mateus 1:18–25), inaugura o início dessa trajetória terrena única. Crescendo em Nazaré, na Galileia, Jesus iniciou seu ministério público aos trinta anos, marcando o início de uma jornada repleta de ensinamentos sobre o amor divino, o perdão dos pecados e a prática de atos milagrosos, como curas e alimentação dos famintos. Sua encarnação, portanto, não é apenas um evento histórico, mas um ato redentor que fundamenta a mensagem teológica do cristianismo.

Ao contemplar a encarnação de Jesus, é inevitável associá-la à sua vida pública, permeada por ensinamentos profundos e a realização de milagres. Jesus, como o verbo feito carne, não apenas compartilhou conosco sua sabedoria divina, mas também exemplificou a compaixão e o serviço ao próximo. Seu ministério público foi marcado por atos transformadores, desde a cura dos enfermos até a alimentação dos famintos, tudo isso refletindo a manifestação do divino no humano.

Ao longo de sua vida terrena, Jesus não apenas comunicou verdades teológicas essenciais, mas as personificou em sua interação compassiva com as pessoas. A encarnação, portanto, transcende o âmbito teológico e se estende para moldar a prática da fé cristã, inspirando os crentes a viverem de maneira semelhante, imbuídos do amor divino e do compromisso com o serviço altruísta.

Morte e ressurreição de Jesus

O significado teológico da morte de Jesus emerge como um elemento fundamental em sua vida e missão redentora. A crucificação pelos romanos, inicialmente motivada por acusações de blasfêmia, transcendeu seu contexto histórico para adquirir um significado mais profundo. Na cruz, Jesus assumiu sobre si o peso do pecado humano, realizando assim a reconciliação entre o homem e Deus, conforme destacado nas Escrituras (2 Coríntios 5:18–19). Sua morte não apenas simboliza o sacrifício supremo, mas também constitui o ápice do plano divino de redenção.

A ressurreição de Jesus, por sua vez, é a evidência irrefutável de sua divindade e a confirmação definitiva de que sua obra redentora foi plenamente realizada. Três dias após sua morte, ele ressuscitou dos mortos, manifestando-se aos seus discípulos e, posteriormente, ascendeu ao céu, conforme narrado nos registros bíblicos (Atos 1:9–11). Essa ressurreição não apenas valida a identidade de Jesus como Filho de Deus, mas também proclama a vitória sobre a morte e a inauguração de uma nova esperança para a humanidade. A promessa de seu retorno, feita ao subir aos céus, instila a expectativa de um cumprimento final e glorioso do plano redentor.

O impacto teológico de sua morte e ressurreição reside na esperança futura, uma vez que transcendem a mera historicidade, tornando-se pilares fundamentais que moldam a compreensão cristã da salvação. O sacrifício na cruz e a vitória sobre a morte não apenas promovem a reconciliação entre Deus e o homem, mas também estabelecem uma base sólida para a esperança na promessa de um retorno glorioso. Esses eventos, enraizados na teologia, ressaltam a magnitude da obra redentora de Jesus, impulsionando a fé e a confiança dos seguidores que aguardam com expectativa a consumação final dessa promessa.

Portanto, a morte de Jesus, um elemento vital em sua vida e obra, vai além das aparências históricas. Apesar de ter sido crucificado pelos romanos sob acusações de blasfêmia, sua morte carrega um significado mais profundo. Na cruz, Jesus assumiu os pecados da humanidade, promovendo a reconciliação entre o homem e Deus, conforme evidenciado nas Sagradas Escrituras (2 Coríntios 5:18–19). Essa profunda dimensão teológica destaca o caráter sacrificial e redentor da morte de Jesus, fundamentando a fé cristã na obra redentora divinamente orquestrada. A ressurreição de Jesus, como prova inequívoca de sua filiação divina e realização plena de sua obra redentora, é central para o impacto teológico. Três dias após sua morte, ele ressurgiu dos mortos, aparecendo aos seus discípulos e, por fim, ascendeu ao céu, como narrado em Atos 1:9–11. Essa ressurreição não apenas confirma a divindade de Jesus, mas também projeta a luz da esperança sobre os seguidores, que aguardam com expectativa a prometida volta de Jesus para cumprir plenamente seu plano redentor.

Obra redentora de Jesus

A obra redentora de Jesus é o cerne da mensagem do evangelho. Ela consiste na reconciliação da humanidade com Deus através do sacrifício de Jesus na cruz. Através da sua morte e ressurreição, Jesus venceu o pecado e a morte, e ofereceu a salvação a todos aqueles que creem nele (João 3:16).

A obra redentora de Jesus é um ato de amor de Deus pela humanidade. Ela mostra que Deus está disposto a perdoar os nossos pecados e a nos dar a vida eterna através de Jesus Cristo. Como cristãos, temos a responsabilidade de compartilhar essa mensagem com os outros e de viver uma vida que glorifique a Deus. A pessoa e a obra de Jesus Cristo são fundamentais para a compreensão da mensagem do evangelho. Através da sua encarnação, morte e ressurreição, Jesus demonstrou o amor de Deus pela humanidade e ofereceu a salvação a todos aqueles que creem nele. Como cristãos, temos a responsabilidade de seguir o exemplo de Jesus e viver uma vida que glorifique a Deus.

Salvação e graça

A salvação pela graça é uma doutrina central do cristianismo, que ensina que a salvação é um dom gratuito de Deus, concedido pela fé em Jesus Cristo. Essa doutrina é baseada na crença de que todos os seres humanos são pecadores e, portanto, estão separados de Deus. A salvação é necessária para restaurar o relacionamento com Deus e garantir a vida eterna no céu.

A natureza do pecado é o primeiro passo para entender a doutrina da salvação pela graça. Segundo a Bíblia, o pecado é qualquer pensamento, palavra ou ação que viola a vontade de Deus. Todos nós somos pecadores por natureza e, portanto, estamos em uma condição de separação de Deus. Como resultado, estamos sujeitos à morte e ao julgamento eterno.

A necessidade da salvação é evidente diante do fato de que ninguém pode se salvar por si mesmo. A Bíblia afirma que "todos pecaram e carecem da glória de Deus" (Romanos 3:23). Nenhum de nós pode fazer algo para nos livrar do pecado e da condenação eterna. Precisamos da ajuda de Deus para sermos salvos.

O papel da graça de Deus na salvação é fundamental. A graça é o favor imerecido de Deus para conosco. Deus nos ama e deseja nos salvar, mesmo que não mereçamos. A salvação é concedida pela graça de Deus, não pelas obras ou méritos humanos. A Bíblia diz: "Porque pela graça sois salvos, mediante a fé; e isto não vem de vós; é dom de Deus" (Efésios 2:8).

A graça de Deus é manifesta em Jesus Cristo, que veio ao mundo para nos salvar. Ele morreu na cruz pelos nossos pecados e ressuscitou dos mortos, garantindo a vida eterna para todos que creem nele. A salvação é, portanto, uma questão de fé em Jesus Cristo como Salvador e Senhor.

A doutrina da salvação pela graça é um tema central na teologia cristã. Muitos teólogos, ao longo dos séculos, têm elaborado estudos sobre essa doutrina e aprofundado sua compreensão. Entre eles, podemos citar Martinho Lutero, John Wesley e Charles Spurgeon.

Em suma, a salvação pela graça é uma doutrina fundamental do cristianismo, que ensina que a salvação é um dom gratuito de Deus, concedido pela fé em Jesus Cristo. Essa doutrina é baseada na natureza do pecado, na necessidade da salvação e no papel da graça de Deus na salvação. É um tema de grande importância na teologia cristã e deve ser estudado e entendido por todos os que desejam crescer na fé.

Importância da igreja local

No exercício do sacerdócio de todos os crentes, a relevância da igreja local é central, sendo concebida como uma manifestação do corpo de Cristo na terra. Esse entendimento implica que a igreja local desempenha um papel fundamental ao oferecer suporte espiritual e prático aos crentes em sua jornada de fé. Essa importância é intrinsecamente ligada à concepção do templo como o corpo individual de cada cristão, renascido espiritualmente. A igreja local, enquanto espaço físico para a congregação, constitui-se como o meio através do qual ocorre a união dos templos individuais, formando o corpo de Cristo conhecido como Igreja. Esses três elementos — o templo individual, a igreja local e o corpo de Cristo — são essenciais para a prática quotidiana do evangelho no contexto do sacerdócio universal dos crentes. Nesse contexto, é crucial destacar alguns pontos-chave que fundamentam essa premissa.

Adoração e ensino

A igreja local desempenha um papel fundamental na vida espiritual dos crentes, proporcionando um ambiente propício para adoração a Deus e estudo da Palavra. Em consonância com a passagem bíblica de Colossenses 3:16 (ARA), que exorta os fiéis a deixarem a palavra de Cristo habitar neles, este ensaio explora a importância da adoração e do ensino na edificação da comunidade cristã.

A adoração é um componente central na vida da igreja, refletindo a gratidão dos crentes por meio de salmos, hinos e canções espirituais. Conforme destacado por Batista (2018), a adoração não é apenas um ato de louvor, mas uma resposta ativa à presença de Deus na vida da comunidade. A expressão de gratidão por meio da adoração fortalece os laços entre os membros da igreja, criando um ambiente acolhedor para o crescimento espiritual.

O ensino da Palavra é essencial para o desenvolvimento espiritual dos membros da igreja. Nesse sentido, Silva e Santos (2019) ressaltam a importância de uma instrução sólida, baseada nos princípios bíblicos, para o amadurecimento da fé. O versículo de Colossenses 3:16 destaca a responsabilidade mútua dos crentes em ensinarem uns aos outros, promovendo a sabedoria e o entendimento das Escrituras.

A interconexão entre adoração e ensino é crucial para uma experiência cristã holística. Conforme defendido por Batista e Oliveira (2020), a adoração não é apenas um evento separado, mas uma extensão do ensino bíblico. O louvor é enriquecido quando fundamentado na compreensão sólida das verdades bíblicas, alimentando a espiritualidade dos crentes.

Em conclusão, a igreja local desempenha um papel vital como local de adoração a Deus e estudo da Palavra. A adoração, como expressão de gratidão, fortalece os laços entre os membros, enquanto o ensino sólido da Palavra proporciona alicerces para o crescimento espiritual. Ao seguir a exortação de Colossenses 3:16, a igreja local se torna um ambiente dinâmico, onde a adoração e o ensino convergem para nutrir uma comunidade cristã vibrante e madura.

Missão evangelística

A missão evangelística é um aspecto central da identidade da igreja, refletindo o compromisso de difundir a mensagem do evangelho e formar discípulos, conforme estabelecido na Grande Comissão registrada em Mateus 28:19-20 (ARA). Este ensaio explora a importância dessa missão à luz das Escrituras, destacando a responsabilidade da igreja na propagação do evangelho e na formação de discípulos.

A base bíblica para a missão evangelística da igreja encontra-se nas palavras de Jesus registradas em Mateus 28:19-20 (ARA). Nesse texto, Jesus instrui seus discípulos a irem e fazerem discípulos de todas as nações, batizando-os em nome do Pai, do Filho e do Espírito Santo. A ênfase na universalidade da missão destaca a abrangência do evangelho, que não está limitado a uma cultura, nação ou povo específico.

Renomados teólogos como John Gill, Andrew Fuller, John Leadley Dagg e James P. Boyce são unânimes em acreditar que os ensinamentos embasam nossa compreensão, destacando a natureza imperativa da Grande Comissão. Para o teólogo, a ordem de Jesus não é opcional, mas uma convocação inegociável para a igreja. A responsabilidade de proclamar o evangelho transcende barreiras geográficas e culturais, constituindo-se em um chamado divino para a igreja em todos os tempos.

A missão evangelística não é apenas um ato de disseminar informações, mas um compromisso ativo com a transformação de vidas. A ordem de

Jesus inclui o batismo e o ensino, indicando a necessidade de uma abordagem holística para o discipulado. O batismo simboliza a identificação com Cristo e sua morte e ressurreição, enquanto o ensino implica a instrução contínua e o desenvolvimento espiritual.

Nesse contexto, o papel da igreja como agente de transformação torna-se crucial. Ao compartilhar o evangelho e formar discípulos, a igreja não apenas prega palavras, mas se torna um canal de bênçãos divinas para a sociedade. A integração entre proclamação e ação é fundamental, refletindo o exemplo de Jesus, que não apenas pregou, mas também demonstrou o amor de Deus em sua vida terrena.

Apesar da clareza da Grande Comissão, a igreja enfrenta desafios significativos na execução dessa missão. Barreiras culturais, resistência espiritual e oposição social são apenas alguns dos obstáculos que podem surgir. No entanto, esses desafios também representam oportunidades para a igreja demonstrar a perseverança, a fé e a dependência em Deus.

A missão evangelística da igreja, baseada na Grande Comissão, é uma expressão tangível de seu compromisso com o Reino de Deus. O teólogo batista, cujos princípios orientam este ensaio, destaca a urgência e a seriedade dessa missão. Ao compartilhar o evangelho e fazer discípulos, a igreja não apenas obedece a uma ordem divina, mas participa ativamente da obra redentora de Deus no mundo.

Em última análise, a missão evangelística é uma resposta à graça de Deus, um testemunho do amor que recebemos e um convite para que outros também experimentem essa redenção transformadora. Portanto, que a igreja, guiada pela orientação da Escritura e inspirada pelo exemplo de Cristo, prossiga com zelo e dedicação na realização da Grande Comissão.

Apoio e encorajamento

No contexto da vida cristã, a congregação desempenha um papel essencial na oferta de apoio emocional, encorajamento e discipulado. Este ensaio explora a importância desse apoio mútuo, fundamentado nas Escrituras, com uma ênfase particular na exortação e edificação, conforme destacado em 1 Tessalonicenses 5:11 (ARA). Além disso, serão integradas as perspectivas de teólogos batistas cujas contribuições oferecem uma base sólida para a compreensão e implementação desses princípios na vida da igreja.

O versículo bíblico em destaque, 1 Tessalonicenses 5:11 (ARA), instrui os crentes a se exortarem e edificarem mutuamente. A palavra "exortar" sugere uma ação encorajadora, um estímulo positivo que visa impulsionar os irmãos na fé. A edificação, por sua vez, refere-se à construção, ao fortalecimento mútuo na jornada da fé. Essa interação dinâmica entre os membros da congregação não apenas fortalece os laços da comunidade, mas também promove um ambiente saudável de crescimento espiritual.

O teólogo renomado Andrew Fuller tem destacado a importância da comunidade de fé no processo de santificação. Suas obras ressaltam que o suporte emocional, o encorajamento e o discipulado são elementos fundamentais para o desenvolvimento espiritual dos crentes. Ele afirma que a vida cristã não deve ser vivida isoladamente, mas em comunidade, onde os membros são instrumentos nas mãos de Deus para exortar e edificar uns aos outros. E ainda destaca a interconexão entre a exortação mútua e o discipulado na vida da igreja. Suas reflexões sobre as epístolas do Novo Testamento, incluindo 1 Tessalonicenses, enfatizam que a exortação vai além de palavras encorajadoras; ela envolve um compromisso prático com a vida uns dos outros. Isso implica compartilhar alegrias e tristezas, caminhar juntos nas lutas e triunfos, e, acima de tudo, apontar uns aos outros a verdade transformadora das Escrituras.

A abordagem dos teólogos John Leadley Dagg e James P. Boyce destaca que o apoio emocional e o encorajamento na congregação não são apenas atividades altruístas, mas expressões tangíveis do amor cristão. Ao refletir sobre as exortações bíblicas, ele ressalta que, assim como Jesus modelou o serviço amoroso, a igreja é chamada a imitar esse padrão, oferecendo apoio mútuo que vai além das palavras, manifestando-se em ações concretas.

A congregação, como comunidade de fé, é um local privilegiado para experimentar o amor e a exortação genuínos. As escrituras sagradas nos lembram que a vida cristã é uma jornada coletiva, onde cada membro desempenha um papel vital no apoio emocional, encorajamento e discipulado uns dos outros. O versículo em 1 Tessalonicenses 5:11 (ARA) ressoa como um chamado constante para que a comunidade cristã seja um farol de esperança, irradiando o amor de Cristo através do apoio mútuo.

Em última análise, a congregação, impulsionada pela inspiração bíblica e pelos ensinamentos teológicos, é desafiada a criar e sustentar um ambiente onde a exortação e a edificação se tornem não apenas princípios teológicos, mas práticas diárias. Que a igreja, guiada pelo exemplo de Cristo e instruída pela Palavra de Deus, continue a ser um refúgio de apoio mútuo, nutrindo o corpo de Cristo para a glória do Pai.

Amor mútuo

O versículo em João 13:35 encapsula a essência do cristianismo ao afirmar que o amor mútuo entre os discípulos é um sinal distintivo de sua identidade. O termo "amor" aqui transcende meramente sentimentos; refere-se a uma prática ativa de cuidado, compaixão e serviço mútuo. Jesus estabelece o amor como o distintivo que revela a verdadeira natureza de seus seguidores, tornando-se uma referência inegável para a vida da igreja.

A prática do amor mútuo na vida cotidiana da igreja transcende as atividades formais de culto. Envolve interações diárias, relacionamentos fraternais e um compromisso constante com o bem-estar dos outros membros. Ações como encorajamento, apoio emocional, compartilhamento de necessidades e alegrias são expressões tangíveis desse amor. Ao viver o amor mútuo, a igreja se torna um microcosmo do Reino de Deus, refletindo a transformação interna manifestada externamente.

Os teólogos A. W. Tozer, Karl Barth, Louis Berkhof, Leonard Ravenhill, David Wilkerson, Dietrich Bonhoeffer, Gustavo Gutiérrez e Adolf von Harna oferecem insights valiosos sobre o tema do amor mútuo na vida cristã. Suas obras enfatizam que o amor não é apenas uma emoção, mas uma escolha deliberada de buscar o bem dos outros. Ao examinar as epístolas do Novo Testamento, esses teólogos destacam que a comunidade cristã é chamada a ser um espaço onde o amor mútuo é nutrido e cultivado. Suas reflexões incentivam os crentes a verem o amor como uma resposta agradecida à graça divina, vivendo de maneira a refletir a generosidade de Deus.

Reconhecimento histórico

A relevância da igreja local é historicamente respaldada por renomados teólogos e líderes cristãos, como John Calvin e Charles Spurgeon, que, ao longo da história, reconheceram a importância crucial da congregação local como parte integrante da experiência cristã. Mateus 16:18 (ARA): "Também eu te digo que tu és Pedro e sobre esta pedra edificarei a minha igreja, e as portas do inferno não prevalecerão contra ela" e também Hebreus 10:24: "E consideremo-nos uns aos outros para nos incentivarmos ao amor e às boas obras".

Necessidade de congregação

O papel vital da congregação na vida cristã é enfatizado nas Escrituras, particularmente no livro de Hebreus. Estamos refletindo sobre a importância da congregação com base na instrução contida em Hebreus 10:25. O texto destaca a necessidade de não negligenciar a reunião dos crentes e a participação ativa na igreja local. Ao examinar essa passagem, buscaremos compreender a relevância contemporânea desse princípio, reconhecendo a importância da comunhão cristã na jornada da fé.

O versículo de Hebreus 10:25 adverte os crentes a não abandonarem a reunião da congregação, exortando-os a se encorajarem mutuamente, principalmente à medida que se aproxima o Dia do Senhor. Esse imperativo reflete uma compreensão profunda da natureza humana e da caminhada cristã. A congregação não é apenas um local de encontros regulares, mas um ambiente onde os crentes se apoiam, fortalecem e vivenciam a fé de maneira coletiva.

A participação ativa na igreja local vai além da mera presença física nos cultos. Envolve o engajamento genuíno nas atividades da comunidade de fé, incluindo o compartilhamento de dons espirituais, o serviço aos outros membros e a participação em grupos de comunhão e estudo bíblico. A congregação, como expressão tangível do corpo de Cristo, proporciona oportunidades para crescimento espiritual, apoio mútuo e missão conjunta.

Na era contemporânea, quando diversas opções de conexão e espiritualidade estão disponíveis, a instrução de Hebreus 10:25 permanece tão relevante quanto nos tempos bíblicos. A participação ativa na igreja local é um antídoto crucial para o isolamento espiritual e a superficialidade nas relações cristãs. A congregação oferece um espaço para aprofundar as amizades cristãs, compartilhar experiências de fé e receber encorajamento nos desafios da vida.

Hebreus 10:25 serve como um lembrete atemporal da necessidade inegociável da congregação na vida do crente. A participação ativa na igreja local não é uma prática arcaica, mas uma resposta sábia à chamada bíblica para a comunhão cristã. Que os crentes, guiados por essa instrução, cultivem um compromisso contínuo com a congregação, reconhecendo-a como um local vital para crescimento espiritual, apoio mútuo e testemunho coletivo da graça de Deus.

Flexibilidade de localização

Destaca-se que a igreja pode ocorrer em qualquer lugar, seja em um edifício urbano ou ao ar livre na zona rural, enfatizando que o local físico não é o fator determinante. Mateus 18:20: "Pois onde se reunirem dois ou três em meu nome, ali eu estou no meio deles".

A igreja é um ambiente propício para a conexão entre crentes, e nesses pontos-chave anteriores, a visão de igreja como corpo de Cristo nos leva a entender que a igreja local é composta por diversos membros com funções únicas. Isso destaca a presença de uma interdependência e a importância de cada indivíduo na comunidade. Em Hebreus 10:25, observamos que "não deixando de congregar-nos, como é costume de alguns; antes, fazendo admoestações e tanto mais quanto vedes que o Dia se aproxima". A passagem dá ênfase à necessidade de pertencer a uma igreja local e não se isolar após aceitar Jesus e ter o próprio corpo como templo do Espírito Santo.

Em algumas denominações cristãs, ocorre confusão dos termos bíblicos — templo, igreja local e corpo de Cristo —, o que consequentemente deturpa o evangelho e subestima a importância da igreja local. No entanto, as sagradas escrituras nos ensinam como devemos agir e por que devemos manter a igreja local. A clareza bíblica distingue o templo como o corpo do cristão, habitado pelo Espírito Santo: "Ou não sabeis que o vosso corpo é santuário do Espírito Santo, que habita em vós, o qual possuís da parte de Deus, e que não sois de vós mesmos? Porque fostes comprados por preço. Agora, pois, glorificai a Deus no vosso corpo" (1 Coríntios 6:19–20, ARA). Essa passagem destaca a individualidade dos crentes como santuários de Deus, sugerindo a noção de que a igreja, como um corpo coletivo, é formada pela reunião desses crentes, cada um sendo um templo habitado pelo Espírito Santo. Portanto, a igreja é a reunião dos templos que, juntos, formam o corpo de Cristo.

Fica claro que a reunião nos templos pode ocorrer em qualquer lugar, sem distinção para Deus, podendo variar desde um edifício luxuoso na zona urbana até ao ar livre na zona rural. Assim, o templo, a igreja local e o corpo de Cristo são elementos indispensáveis na prática diária dos fiéis cristãos no exercício do sacerdócio de todos os crentes. Essa diversidade de locais destaca a universalidade da presença divina, reforçando a ideia de que a Igreja universal de Cristo se compõe de todos os templos que se reúnem nas igrejas locais ao redor do mundo, onde há comunhão entre os crentes, independentemente do ambiente físico, mas existindo os elementos essenciais da fé cristã: templo, igreja local e corpo de Cristo.

Reavivamento da igreja local: uma jornada espiritual

Para empreender o trabalho de reavivamento na igreja local, é imperativo compreender, antes de tudo, que estamos diante de uma congregação que necessita de avivamento espiritual entre seus membros, a fim de que possam novamente frutificar abundantemente para o crescimento do Reino de Deus. "Vós não me escolhestes a mim, mas eu vos escolhi a vós, e vos designei, para que vades e deis frutos, e o vosso fruto permaneça; a fim de que tudo quanto pedirdes ao Pai em meu nome, ele vo-lo conceda" (João 15:16, Almeida Revista e Atualizada).

O missionário, como agente desse processo, deve começar visualizando os três elementos fundamentais que compõem a igreja local: o templo, entendido como o corpo do crente nascido de novo; o local de reunião, seja ele próprio, alugado ou cedido; e o corpo de Cristo, representado pela comunhão dos templos em unidade, conforme mencionado nas Sagradas Escrituras: "Não sabeis que o vosso corpo é o templo do Espírito Santo, que habita em vós, proveniente de Deus, e que não sois de vós mesmos?" (1 Coríntios 6:19, Almeida Revista e Atualizada). Portanto, o templo, segundo a perspectiva bíblica, refere-se ao corpo daqueles que nasceram de novo, sendo morada do Espírito Santo, cujo objetivo é adorar a Deus e viver em comunhão com os irmãos na fé.

A comunhão dos crentes é o alicerce que sustenta a igreja local, como nos ensina a Bíblia: "Consideremo-nos também uns aos outros, para nos estimularmos ao amor e às boas obras. Não deixemos de reunir-nos como igreja, segundo o costume de alguns, mas procuremos encorajar-nos uns aos outros, ainda mais quando vocês veem que se aproxima o Dia" (Hebreus 10:24–25, Nova Versão Internacional). O local de reunião, seja um prédio próprio, alugado ou cedido, é o espaço físico onde a comunidade se congrega para adoração, estudo bíblico e oração. O local de reunião, seja humilde ou luxuoso, é um lugar santo, ou seja, separado para Deus. Porque o melhor nome para esse local de culto é santuário. O Senhor Deus nos chama para essa visão quando nos ordena: "Porque eu sou o Senhor, vosso Deus; portanto, vós vos santificareis e sereis santos, porque eu sou santo; e não contaminareis a vossa alma com nenhum réptil que se arraste sobre a terra" (Levítico 11:44, Almeida Revista e Atualizada). Então vemos que santo é tudo aquilo que foi separado para as coisas de Deus, incluindo, portanto, o local de adoração, enquanto os templos estiverem ali reunidos.

O primeiro passo para iniciar o reavivamento é avaliar quantos dos frequentadores das reuniões da igreja local são, de fato, nascidos de novo e, portanto, templos do Espírito Santo. Esse diagnóstico exige visitas ou encontros pessoais com o máximo de membros possível. A observação desses dados permitirá estabelecer dias específicos para cultos de adoração, estudos bíblicos e oração, além de, se possível, cultos nos lares ou pequenos grupos de oração.

Ao analisar essas reuniões, se notará que aqueles verdadeiramente espirituais tenderão a participar ativamente, pois a característica básica de quem tem o Espírito Santo é dar frutos. Dessa forma, um passo subsequente é a criação progressiva de grupos espirituais de apoio ao trabalho de renovação espiritual. Selecionar estudos bíblicos voltados para o discipulado dos que nasceram de novo e também para os que não nasceram, para que vejam a palavra e se convertam ao Senhor. Convidar todos a participar e encorajá-los a trazer convidados fortalecerá a comunhão e promoverá o crescimento espiritual.

O local de reunião, muitas vezes chamado de igreja, deve ser considerado como o último ponto na jornada de reavivamento. Somente quando houver um número significativo de templos do Espírito reunidos, a discussão sobre o edifício torna-se relevante. Questões como a adequação do local, a necessidade de mudança na localidade ou a decisão de permanecer ou não devem ser abordadas de forma ponderada e coletiva, sempre visando ao avanço espiritual da comunidade. O reavivamento da igreja local, assim, se concretiza como uma jornada espiritual coletiva em que cada membro desempenha um papel vital na construção do Reino de Deus.

Enfim, veremos que passo a passo vamos entender que ocorre o seguinte fenômeno: os novos convertidos recebem o Espírito Santo e se tornam templos. Os templos reunidos na igreja local formam parte do corpo de Cristo, e a soma dos templos reunidos em todas as igrejas locais forma a Igreja Universal de Nosso Senhor e Salvador Jesus Cristo.

MÓDULO III

COMUNIDADE DE FÉ

Ao término deste módulo, almeja-se que os participantes adquiram uma compreensão aprofundada sobre a relevância da comunhão na igreja. A expectativa é que estejam habilitados a fortalecer e unificar a comunidade, atendendo às necessidades dos membros e fomentando um ambiente acolhedor e inclusivo.

A importância da comunhão na igreja

A comunhão entre os membros da igreja local é essencial para a saúde espiritual da igreja. O Salmo 133:1 declara: "Como é bom e agradável que os irmãos vivam em união!". Isso indica que a unidade e a comunhão são preciosas e agradáveis a Deus.

Além disso, a Bíblia também descreve a comunhão na Igreja primitiva. Em Atos 2:44–45, lemos que "todos os que criam estavam juntos e tinham tudo em comum. Vendiam suas propriedades e bens, e distribuíam o dinheiro entre todos, segundo a necessidade de cada um". Essa prática demonstra uma comunhão profunda entre os membros da igreja e um compromisso em suprir as necessidades uns dos outros.

Outro versículo importante é encontrado em 1 Coríntios 12:12, que afirma: "Assim como o corpo é uma unidade, embora tenha muitos membros, e todos os membros, mesmo sendo muitos, formam um só corpo, assim também com respeito a Cristo". Isso significa que, como membros do corpo de Cristo, estamos unidos uns aos outros e devemos trabalhar em conjunto para a edificação do corpo.

Alguns teólogos que discutiram a importância da comunhão na igreja incluem Dietrich Bonhoeffer, que escreveu *Vida em comunhão*, e John Stott, que abordou esse tema em *A cruz de Cristo*. Esses teólogos enfatizam que a comunhão é um reflexo da unidade de Deus e deve ser cultivada entre os membros da igreja.

É importante ressaltar que a Bíblia também adverte contra levar os irmãos a juízo. Em 1 Coríntios 6:7, Paulo escreve: "O fato de vocês terem processos uns contra os outros já é uma derrota para vocês. Por que não aceitam a injustiça? Por que não preferem sofrer a injustiça?". Isso significa que, em vez de levar os irmãos a juízo, devemos buscar a reconciliação e a comunhão.

Definição de comunhão e sua relação com a vida cristã

Comunhão é uma palavra que está presente na vida cristã há muitos séculos. Ela é um dos pilares fundamentais da vida em comunidade e é uma forma de nos conectarmos com Deus e uns com os outros. A comunhão é definida como a união de pessoas com um propósito em comum, que é buscar a Deus e viver de acordo com seus mandamentos.

A vida cristã é baseada na comunhão com Deus. Isso significa que devemos estar em constante comunicação com Ele, orando, lendo a Bíblia e meditando em sua Palavra. Além disso, a comunhão também é uma forma de nos conectarmos com os irmãos em Cristo e compartilharmos nossas alegrias e tristezas, nossas vitórias e derrotas.

A comunhão cristã é essencial para a vida em comunidade. Ela nos ajuda a crescer juntos em nossa fé e a nos fortalecermos uns aos outros. Quando estamos em comunhão, podemos compartilhar nossas experiências e nos encorajarmos mutuamente a seguir a Jesus. Isso nos ajuda a enfrentar as dificuldades da vida com mais confiança e alegria, sabendo que Deus está sempre conosco.

Além disso, a comunhão também é uma forma de servir a Deus e ao próximo. Jesus nos ensinou que o maior mandamento é amar a Deus sobre todas as coisas e ao próximo como a nós mesmos. Quando estamos em comunhão com os irmãos em Cristo, podemos servir uns aos outros com amor e cuidado, cumprindo assim o mandamento de Jesus.

No entanto, a comunhão também pode ser difícil. Às vezes, podemos ter diferenças de opinião ou discordâncias com outros irmãos na fé. Mas é importante lembrar que a comunhão não significa concordância em todos os assuntos, e sim amor e respeito mútuo, mesmo em meio às diferenças. Devemos estar dispostos a perdoar e a pedir perdão, e a sempre buscar a reconciliação.

Em resumo, a comunhão é uma parte fundamental da vida cristã. Ela nos ajuda a crescer em nossa fé, a servir a Deus e ao próximo e a enfrentar as dificuldades da vida com mais confiança e alegria. Devemos estar em constante comunhão com Deus e uns com os outros, buscando sempre a sua vontade e o seu propósito para nossas vidas.

Primeiro o Reino de Deus na Comunhão Cristã

O versículo "Buscai primeiro o reino de Deus e a sua justiça, e todas estas coisas vos serão acrescentadas" (Mateus 6:33) é um dos mais importantes da Bíblia. Ele nos ensina que a comunhão cristã é essencial para buscarmos o Reino de Deus e vivermos em harmonia uns com os outros. Isso é traduzido em duas atitudes: buscar o Reino de Deus no ato de orar, meditar e conviver com os irmãos e buscar a justiça de Deus no ato de crer, usando a fé, esperança e amor na comunhão dos irmãos na igreja local.

A primeira atitude é buscar o Reino de Deus no ato de orar, meditar e conviver com os irmãos. A oração é uma forma de nos conectarmos com Deus e buscar a sua vontade. Além disso, a meditação na Palavra de Deus nos ajuda a entender seus mandamentos e nos capacita a viver uma vida que glorifica a Ele. E a convivência com os irmãos é essencial para cultivarmos a comunhão cristã e nos encorajarmos mutuamente a seguir a Jesus.

A segunda atitude é buscar a justiça de Deus no ato de crer, usando a fé, esperança e amor na comunhão dos irmãos na igreja local. A fé nos ajuda a confiar em Deus e a crer que Ele é capaz de cumprir todas as suas promessas. A esperança nos ajuda a olhar para o futuro com confiança e alegria, sabendo que Deus tem um propósito para nossas vidas. E o amor nos ajuda a amar nossos irmãos e a servir uns aos outros na igreja local.

A comunhão cristã é um processo contínuo de busca pelo Reino de Deus e pela justiça divina. Quando buscamos o Reino de Deus e a sua justiça, todas as outras coisas serão acrescentadas. Isso significa que Deus nos suprirá em todas as nossas necessidades e nos dará tudo o que precisamos para vivermos uma vida plena em Cristo Jesus.

Alguns teólogos que escreveram sobre a importância de buscar o Reino de Deus na comunhão cristã incluem Dallas Willard, que abordou esse tema em *A conspiração divina*, e John Piper, que escreveu sobre isso em *Desiring God*. Esses teólogos enfatizam que a comunhão cristã é uma forma de buscarmos a Deus e à sua vontade, e nos ajuda a vivermos de acordo com o propósito que Ele tem para nossas vidas.

Comunhão na Bíblia e na história da Igreja

A comunhão é um conceito central na Bíblia e na história da Igreja. Ela é definida como a união de pessoas com um propósito em comum, que é buscar a Deus e viver de acordo com seus mandamentos. Neste ensaio, iremos explorar a importância da comunhão na Bíblia e na história da Igreja, bem como as perspectivas de teólogos sobre o assunto.

Na Bíblia, a comunhão é apresentada como uma parte essencial da vida cristã. Em Atos dos Apóstolos 2:42, lemos que os primeiros cristãos "perseveravam na doutrina dos apóstolos e na comunhão, no partir do pão e nas orações". Esse versículo nos mostra que a comunhão era um aspecto importante da vida dos primeiros cristãos. Eles se reuniam para compartilhar a Palavra de Deus, participar da Ceia do Senhor e orar juntos.

Além disso, a comunhão é mencionada em várias outras partes da Bíblia. Em 1 João 1:7, por exemplo, lemos que "se andarmos na luz, como ele está na luz, temos comunhão uns com os outros, e o sangue de Jesus, seu Filho, nos purifica de todo pecado". Esse versículo nos mostra que a comunhão é uma consequência natural de seguirmos a Jesus e de vivermos em obediência a ele.

Na história da Igreja, a comunhão também desempenhou um papel importante. Desde os primeiros séculos, os cristãos se reuniam em comunidade para adorar a Deus e compartilhar suas vidas uns com os outros. Na Idade Média, a Igreja Católica enfatizou a importância da comunhão através da celebração da Eucaristia.

No entanto, a comunhão também foi um tema de controvérsia na história da Igreja. Durante a Reforma Protestante, por exemplo, surgiram diferentes visões sobre a natureza da comunhão e o que significava participar da Ceia do Senhor. Para alguns, a comunhão era uma forma de se conectar com Deus, enquanto para outros era uma forma de se conectar com os irmãos em Cristo.

Hoje em dia, muitos teólogos têm explorado o tema da comunhão em suas reflexões sobre a vida cristã. Para Dietrich Bonhoeffer (2010, p. 21), a comunhão é uma forma de expressar o amor e a união que temos em Cristo. Ele escreveu: "A comunhão não é um ideal que devemos alcançar, mas um dom que já recebemos. A comunhão é Cristo em nós, que nos une em amor e nos torna um com ele e uns com os outros".

Outro teólogo que refletiu sobre a comunhão foi John Wesley, fundador do movimento metodista. Para Wesley, a comunhão era uma forma de crescer na santidade e na graça de Deus. Ele enfatizou a importância da participação regular na Ceia do Senhor e do compartilhamento da vida com outros cristãos.

Em conclusão, a comunhão é um tema central na Bíblia e na história da Igreja. Ela é uma forma de nos conectarmos com Deus e com os irmãos em Cristo, compartilhando não apenas nossas alegrias, mas também nossas dificuldades e necessidades. A comunhão nos encoraja, nos fortalece e nos ajuda a crescer espiritualmente.

A partir dos ensinamentos bíblicos e da história da Igreja, podemos ver que a comunhão não é apenas um aspecto opcional ou secundário da vida cristã, mas sim uma parte essencial do nosso relacionamento com Deus e com os outros. É por meio da comunhão que somos edificados, encorajados e desafiados a crescer em nossa fé e a amar uns aos outros.

Nós somos chamados a viver em comunhão uns com os outros, assim como Jesus Cristo viveu em comunhão com seus discípulos e com seu Pai celestial. Podemos buscar essa comunhão por meio da oração, da meditação na Palavra de Deus e da participação na vida da igreja local. Quando nos conectamos com Deus e com os outros em comunhão, experimentamos a verdadeira alegria e paz que só podem ser encontradas em Cristo.

Comunhão como fator essencial para o crescimento espiritual e emocional dos membros da igreja

A comunhão é um fator essencial para o crescimento espiritual e emocional dos membros da igreja. Ela é um meio pelo qual podemos nos conectar uns com os outros, compartilhando nossas alegrias e dificuldades, fortalecendo-nos mutuamente e crescendo juntos em nossa fé.

A comunhão é um tema que permeia toda a Bíblia. Em Gênesis 2:18, Deus disse: "Não é bom que o homem esteja só; far-lhe-ei uma ajudadora que lhe seja idônea". Isso mostra que Deus criou os seres humanos para se relacionarem uns com os outros e para viverem em comunidade. Em Atos 2:42, a Igreja primitiva é descrita como um grupo que se dedicava ao ensino dos apóstolos, à comunhão, ao partir do pão e às orações. Isso demonstra que a comunhão era um elemento essencial da vida cristã desde o início da Igreja.

A comunhão também é importante para o crescimento emocional dos membros da igreja. A vida pode ser difícil e muitas vezes enfrentamos desafios que parecem insuperáveis. No entanto, quando estamos em comunhão com outros cristãos, podemos encontrar encorajamento, apoio e ajuda prática. Como Paulo escreveu em Gálatas 6:2: "Levai as cargas uns dos outros e, assim, cumprireis a lei de Cristo".

Além disso, a comunhão é uma forma de crescimento espiritual. Quando estamos em comunhão uns com os outros, podemos aprender e crescer juntos em nossa fé. Através do ensino bíblico e da partilha de experiências, podemos ser desafiados a crescer em nosso conhecimento de Deus e em nossa relação com Ele.

A importância da comunhão para o crescimento espiritual e emocional dos membros da igreja é destacada por muitos teólogos. Por exemplo, John Wesley (2016, p. 49), fundador do metodismo, enfatizou a importância da comunhão em sua obra *O pensamento de John Wesley*. Ele escreveu: "O amor é o fundamento da comunhão cristã, e a comunhão cristã é o meio de aperfeiçoar o amor". Além disso, Dietrich Bonhoeffer (2010, p. 97), em seu livro *Vida em comunhão*, afirmou que "a comunhão é um dom de Deus que nos permite viver juntos como irmãos e irmãs em Cristo".

Em conclusão, a comunhão é essencial para o crescimento espiritual e emocional dos membros da igreja. Ela nos permite nos conectar uns com os outros, fortalecer-nos mutuamente e crescer juntos em nossa fé. Devemos buscar a comunhão com outros cristãos e permitir que Deus use essa comunhão para nos abençoar e nos ajudar a crescer.

Comunidade Batista forte e unida

A comunidade batista, uma comunidade de fé que busca viver em comunhão tanto uns com os outros quanto com Deus, reconhece a importância vital do desenvolvimento de uma unidade sólida. Essa coesão é fundamental não apenas para o crescimento espiritual e emocional de seus membros, mas também para o impacto testemunhal da Igreja no mundo. Este ensaio tem como objetivo explorar estratégias eficazes para a construção de uma comunidade batista forte e unida, enfocando elementos cruciais como a oração, comunicação, discipulado e adoração.

Oração

A oração é essencial para o desenvolvimento de uma comunidade batista forte e unida. A oração é uma maneira de nos conectarmos com Deus e uns com os outros. A igreja deve incentivar seus membros a orarem juntos e individualmente. Isso pode ser feito através de reuniões de oração, grupos de oração, retiros espirituais e outras atividades. A oração também deve ser uma parte integrante de todas as atividades da igreja.

Comunicação

Uma das maneiras mais eficazes de desenvolver uma comunidade batista forte e unida é através da comunicação. A comunicação é a chave para a compreensão e a unidade. A igreja deve criar oportunidades para que seus membros possam se comunicar uns com os outros e com os líderes da igreja. Isso pode ser feito através de reuniões regulares, eventos sociais, grupos de estudo bíblico, e-mails, boletins informativos, redes sociais e outros meios de comunicação. A comunicação também deve ser aberta, honesta e respeitosa. É importante que os membros se sintam ouvidos e valorizados.

Discipulado

O discipulado é outra maneira importante de desenvolver uma comunidade batista forte e unida. O discipulado é um processo de ensino e aprendizagem que ajuda os membros da igreja a crescerem espiritualmente. Isso pode ser feito através de grupos de estudo bíblico, mentoria, aconselhamento pastoral e outras atividades. O discipulado também ajuda a construir relacionamentos mais profundos entre os membros da igreja.

Adoração

A adoração é uma parte importante da vida da comunidade batista. A adoração é uma maneira de nos conectarmos com Deus e uns com os outros. A igreja deve criar oportunidades para que seus membros possam adorar juntos e individualmente. Isso pode ser feito através de cultos regulares, retiros espirituais, grupos de louvor e outras atividades. A adoração também deve ser uma parte integrante de todas as atividades da igreja.

Desenvolver uma comunidade batista forte e unida requer esforço e dedicação por parte de todos os membros da igreja. A comunicação, a oração, o discipulado e a adoração são elementos essenciais para o desenvolvimento de uma comunidade batista forte e unida. Ao implementar essas práticas em sua igreja, os membros podem crescer espiritualmente e emocionalmente, e a igreja pode ser um testemunho poderoso no mundo.

Cultivo de relacionamentos saudáveis

A importância do cultivo de relacionamentos saudáveis transcende as esferas da vida humana, estendendo-se de maneira significativa à dimensão espiritual, especialmente no contexto cristão. A Bíblia, como guia fundamental, delineia a profunda interconexão entre a qualidade de nossos relacionamentos interpessoais e nossa relação com Deus. A instrução de Jesus, ao nos exortar a amar o próximo como a nós mesmos e a tratar os outros da maneira que desejamos ser tratados (Mateus 22:39, Lucas 6:31), ressalta a importância intrínseca do cultivo de relacionamentos saudáveis. Nesse sentido, a comunidade cristã é chamada não apenas a coexistir, mas a verdadeiramente se relacionar, encorajar, orar e suportar uns aos outros, conforme indicado nas Escrituras (1 João 1:7, Hebreus 3:13, Tiago 5:16, Efésios 4:2). Essas práticas não apenas fortalecem o indivíduo espiritualmente, mas também contribuem para o crescimento e a robustez da igreja como um todo.

Além desse impacto espiritual, é imperativo reconhecer que relacionamentos saudáveis desempenham um papel crucial na saúde mental e emocional. Estudos revelam que interações positivas têm o poder de atenuar o estresse, a ansiedade e a depressão, enquanto simultaneamente fomentam um sentido de pertencimento e conexão social. Assim, a compreensão e a aplicação do princípio do cultivo de relacionamentos saudáveis não apenas enriquecem a espiritualidade cristã, mas também promovem o bem-estar integral do indivíduo, reforçando os alicerces de uma vida plena e equilibrada.

Para cultivar relacionamentos saudáveis, é importante começar com um coração disposto e aberto. Isso significa estar disposto a se envolver e se conectar com outras pessoas, mesmo que isso possa ser desconfortável no início. Além disso, é importante estar atento às necessidades e emoções dos outros, mostrando empatia e oferecendo suporte quando necessário.

Outra maneira de cultivar relacionamentos saudáveis é investir tempo em comunhão e atividades em grupo. Isso pode incluir participar de um grupo de estudo bíblico, trabalhar em projetos de serviço juntos ou simplesmente passar tempo de qualidade uns com os outros. Ao se envolver em atividades em grupo, os indivíduos têm a oportunidade de construir relacionamentos significativos e duradouros. Em resumo, a importância do cultivo de relacionamentos saudáveis na vida cristã não pode ser subestimada. A Bíblia nos ensina a amar e cuidar uns aos outros como a nós mesmos e a buscar a unidade e a comunhão uns com os outros. Além disso, estudos e pesquisas mostram que a conexão social e a formação de relacionamentos positivos têm um impacto significativo em nossa saúde física e emocional.

Para cultivar relacionamentos saudáveis, é importante estar aberto e disposto a se conectar com os outros, seja por meio de atividades da igreja, grupos de estudo bíblico ou simplesmente encontrando-se com amigos para conversar e compartilhar a vida. Também é importante ser vulnerável e autêntico em nossos relacionamentos, permitindo que outros conheçam nossas lutas e desafios. Além disso, devemos buscar resolver conflitos de maneira construtiva, em vez de evitar ou ignorar problemas.

É importante lembrar que cultivar relacionamentos saudáveis é um processo contínuo e requer esforço e intencionalidade. À medida que investimos em nossos relacionamentos, estamos construindo uma comunidade de apoio e amor que nos ajudará a crescer em nossa fé e a superar os desafios da vida.

Teólogos renomados têm dedicado suas reflexões à relevância dos relacionamentos saudáveis na vida cristã, oferecendo insights valiosos que enriquecem a compreensão dessa temática. No livro *Celebração da disciplina*, Richard Foster destaca a vitalidade da comunhão na igreja como um elemento essencial para o crescimento espiritual. Em *Centro da Igreja*, Timothy Keller ressalta a importância inegável de cultivar relacionamentos autênticos e significativos em nossas jornadas de fé. Gary Chapman, autor de *As cinco linguagens do amor*, explora de maneira perspicaz como as pessoas se expressam e recebem amor de maneiras distintas, proporcionando uma visão valiosa para aprimorar a dinâmica dos relacionamentos. Ao incorporar esses ensinamentos em nossas vidas, podemos não apenas fortalecer nossos laços interpessoais, mas também promover um ambiente propício ao crescimento espiritual e ao florescimento contínuo na vida cristã.

Estratégias de comunicação e colaboração entre os membros da igreja

A comunicação e colaboração são aspectos fundamentais para a saúde e crescimento da igreja. Sem elas, é impossível construir uma comunidade forte e unida que possa glorificar a Deus e cumprir sua missão na Terra. Neste ensaio, exploraremos algumas estratégias para fomentar a comunicação e a colaboração entre os membros da igreja.

Uma das estratégias mais eficazes para fomentar a comunicação e a colaboração entre os membros da igreja é a criação de grupos pequenos ou células. Esses grupos são formados por um número reduzido de pessoas, geralmente de 6 a 12, que se reúnem regularmente para orar, estudar a Bíblia e compartilhar experiências de vida. Através desses grupos, os membros da igreja têm a oportunidade de se conhecer melhor, compartilhar suas necessidades e desafios, e orar uns pelos outros. Os grupos pequenos também permitem que os membros da igreja sejam mais envolvidos no ministério, uma vez que cada grupo pode assumir responsabilidades específicas, como visitar os enfermos, evangelizar nas ruas ou preparar eventos especiais.

Outra estratégia importante é a realização de atividades que promovam a interação entre os membros da igreja. Além dos cultos regulares, a igreja pode organizar eventos especiais, como piqueniques, retiros ou acampamentos, onde os membros possam compartilhar momentos de comunhão e lazer. A realização de atividades em conjunto ajuda a quebrar as barreiras entre os membros da igreja e a construir relacionamentos mais profundos e significativos.

A tecnologia também pode ser uma ferramenta útil para fomentar a comunicação e a colaboração entre os membros da igreja. Através de aplicativos de mensagem instantânea, redes sociais e plataformas de videoconferência, os membros da igreja podem se comunicar rapidamente, compartilhar informações e atualizações, e até mesmo participar de reuniões virtuais. No entanto, é importante lembrar que a tecnologia não deve substituir o contato pessoal, mas sim ser usada como um complemento para melhorar a comunicação e a colaboração.

Por fim, é fundamental que a liderança da igreja esteja comprometida em fomentar a comunicação e a colaboração entre os membros. Os líderes devem ser exemplos de comunicação e colaboração, incentivando a participação dos membros da igreja em atividades e grupos pequenos, e estando abertos e disponíveis para ouvir as necessidades e sugestões dos membros.

Em conclusão, fomentar a comunicação e a colaboração entre os membros da igreja é um processo contínuo e que exige esforço e dedicação por parte de toda a comunidade. Através da criação de grupos pequenos, realização de atividades em conjunto, uso da tecnologia e comprometimento da liderança, é possível construir uma comunidade forte, unida e comprometida com a missão de Deus na Terra.

Promoção de eventos e atividades para incentivar a participação e integração dos membros da igreja

A promoção de eventos e atividades na igreja é uma estratégia importante para incentivar a participação e integração dos membros. Essas iniciativas podem criar um senso de comunidade e ajudar a fortalecer os relacionamentos entre os membros. Além disso, elas podem fornecer oportunidades para aprender, crescer e servir juntos.

A Bíblia nos ensina a nos reunir regularmente como igreja e a encorajar uns aos outros (Hebreus 10:25). Essas reuniões podem assumir muitas formas, desde cultos de adoração até pequenos grupos de estudo bíblico e eventos sociais. O importante é que elas proporcionem um ambiente seguro e acolhedor para todos os membros.

Existem várias atividades e eventos que as igrejas podem promover para incentivar a participação dos membros. Uma delas é a realização de retiros espirituais, onde os membros podem se afastar da rotina diária e se concentrar em sua fé e relacionamentos com Deus e uns com os outros. Outra é a organização de grupos de estudo bíblico, onde os membros podem se reunir para discutir e aprender mais sobre as Escrituras.

Eventos sociais também podem desempenhar um papel importante na integração dos membros da igreja. Almoços e jantares após o culto, churrascos, piqueniques e atividades esportivas são apenas algumas das muitas atividades que podem ser organizadas para criar uma atmosfera de amizade e camaradagem entre os membros.

Além disso, a promoção de atividades de serviço pode ajudar a envolver os membros em missões e a trabalhar juntos para ajudar aqueles em necessidade. A organização de eventos de caridade ou voluntariado em comunidades carentes pode ser uma oportunidade para os membros da igreja trabalharem juntos em um projeto significativo.

Para que essas atividades e eventos sejam eficazes, é importante que sejam bem planejados e divulgados de forma eficaz. Os líderes da igreja devem estar envolvidos no planejamento e promoção dessas iniciativas, e as informações devem ser claramente comunicadas aos membros.

Em resumo, a promoção de eventos e atividades na igreja é uma estratégia importante para incentivar a participação e integração dos membros. Essas iniciativas podem criar um senso de comunidade, ajudar a fortalecer os relacionamentos entre os membros e fornecer oportunidades para aprender, crescer e servir juntos.

Cuidar das necessidades dos membros da igreja local

Cuidar das necessidades dos membros da igreja local é uma responsabilidade fundamental, tanto dos líderes quanto dos demais integrantes da igreja local. Esse compromisso transcende a mera provisão de requisitos físicos, estendendo-se cuidadosamente às dimensões emocionais e espirituais. No transcorrer deste livro, serão exploradas estratégias e princípios bíblicos que orientam a atenção dedicada às necessidades dos membros da igreja local.

Primordialmente, é essencial recordar que a igreja não é apenas uma congregação, mas uma família espiritual, onde cada membro está investido no bem-estar do outro. À luz das Escrituras, encontramos em 1 Coríntios 12:25-26 a analogia do corpo, evidenciando que, tal como em um organismo, quando um membro enfrenta sofrimento, todos os demais compartilham desse fardo. Nesse contexto, a atenção cuidadosa às necessidades dos irmãos e irmãs na fé emerge como uma expressão tangível do amor e da responsabilidade mútua que caracterizam a comunidade cristã.

Um dos princípios mais importantes para cuidar das necessidades dos membros da igreja é a empatia. A empatia é a habilidade de se colocar no lugar do outro, de entender seus sentimentos e perspectivas. Quando desenvolvemos empatia pelos membros da igreja, somos capazes de entender suas necessidades e ajudá-los de maneira mais efetiva. O apóstolo Paulo nos encoraja a "chorar com os que choram e alegrar-se com os que se alegram" (Romanos 12:15), mostrando a importância da empatia no cuidado uns pelos outros.

Outra estratégia para cuidar das necessidades dos membros da igreja é o diálogo aberto e honesto. Muitas vezes, as pessoas precisam de alguém para ouvir seus problemas e preocupações. É importante que haja espaço para o diálogo aberto e honesto dentro da igreja, de forma que os membros possam se sentir à vontade para compartilhar suas necessidades e receber apoio. A Bíblia nos ensina em Tiago 5:16 que devemos confessar nossas faltas uns aos outros e orar uns pelos outros, mostrando a importância da comunicação aberta e honesta.

Além disso, é importante lembrar que cada membro da igreja tem um papel importante a desempenhar no cuidado uns pelos outros. Em Efésios

4:16, o apóstolo Paulo nos ensina que "dele todo o corpo, ajustado e unido pelo auxílio de todas as juntas, cresce e edifica-se a si mesmo em amor". Isso significa que todos os membros da igreja são importantes e têm um papel a desempenhar na construção da comunidade e no cuidado uns pelos outros.

Para promover o cuidado dos membros da igreja, também é importante que haja liderança comprometida e capacitada. Os líderes da igreja devem estar atentos às necessidades dos membros e liderar pelo exemplo. Eles devem ser capacitados a lidar com problemas emocionais e espirituais, buscando sempre aconselhamento e orientação de profissionais qualificados e da Bíblia.

Em síntese, o compromisso de cuidar das necessidades dos membros da igreja local demanda uma atenção constante por parte dos líderes e membros, envolvendo ações práticas como visitas, telefonemas, orações e suporte para suprir necessidades básicas. A criação de espaços para compartilhamento aberto, isento de julgamentos, através de grupos de apoio e aconselhamento. Essa responsabilidade coletiva, permeada por empatia, diálogo, compromisso e práticas tangíveis, reflete não apenas a essência da graça, mas também a constante prática do cuidado mútuo preconizada pela Bíblia e pela teologia cristã. A ampla discussão teológica sobre o cuidado mútuo, como enfatizado por John Stott em *A cruz de Cristo* e Dietrich Bonhoeffer em *Vida em comunhão*, reforça a importância de uma comunidade cristã que se assemelhe a um hospital de pecadores, onde a busca por cura e crescimento em amor e compaixão seja uma prática incessante e enraizada em valores fundamentais da fé cristã.

Cuidado pastoral e discipulado

A importância do cuidado pastoral e do discipulado na vida da igreja é inquestionável. Desde os tempos bíblicos, a figura do pastor e a prática do discipulado têm sido essenciais para o crescimento espiritual e emocional dos membros da comunidade cristã. Neste ensaio, abordaremos a importância dessas práticas e como elas podem ser implementadas na vida da igreja atual.

O cuidado pastoral é uma das funções mais importantes do líder cristão. Através do cuidado pastoral, o líder cristão é capaz de suprir as necessidades físicas, emocionais e espirituais dos membros da comunidade. A Bíblia nos mostra inúmeros exemplos de cuidado pastoral, como o caso de Jesus Cristo que, durante seu ministério terreno, cuidou dos enfermos, alimentou os famintos e ensinou aos discípulos. Além disso, em 1 Pedro 5:2, os líderes da igreja são instruídos a pastorear o rebanho de Deus, não por obrigação, mas de bom grado.

No entanto, o cuidado pastoral não deve ser limitado apenas aos líderes da igreja. Cada membro da comunidade cristã tem a responsabilidade de cuidar dos outros. Em Gálatas 6:2, a Bíblia nos exorta a levar as cargas uns dos outros. Isso significa estar disponível para ouvir, aconselhar, ajudar e orar uns pelos outros. Quando cada membro da igreja se torna responsável pelo cuidado dos outros, a comunidade se torna mais forte e unida.

Além do cuidado pastoral, o discipulado também é uma prática essencial na vida da igreja. O discipulado envolve o acompanhamento e o ensinamento de novos convertidos, a fim de ajudá-los a crescer espiritualmente. Jesus Cristo deixou um exemplo claro de discipulado, quando escolheu doze discípulos e os acompanhou durante todo o seu ministério terreno. Em Mateus 28:19–20, Jesus ordenou aos seus discípulos que fizessem discípulos de todas as nações, batizando-os e ensinando-lhes tudo o que Ele havia ordenado.

O discipulado não é apenas para os novos convertidos. Todos os membros da comunidade cristã devem ser discípulos, ou seja, devem estar em constante crescimento espiritual. O discipulado envolve o estudo da Bíblia, a oração, o louvor e a adoração, bem como a participação em grupos de estudo e comunhão. Quando os membros da igreja são discipulados, eles se tornam mais maduros na fé e mais capazes de lidar com as adversidades da vida.

Em resumo, o cuidado pastoral e o discipulado são práticas essenciais na vida da igreja. Quando os líderes e os membros da igreja se dedicam a cuidar uns dos outros e a crescer espiritualmente, a comunidade se torna mais forte e unida. O cuidado pastoral e o discipulado são práticas bíblicas que têm resistido ao tempo e que continuarão sendo fundamentais para a vida da igreja.

Procedimentos para a identificação das necessidades físicas, emocionais e espirituais dos membros da igreja local

A vitalidade da igreja como local de busca espiritual, aprendizado bíblico e compartilhamento de vidas destaca a necessidade intrínseca de cuidado mútuo entre seus membros. Nessa comunidade cristã, é imperativo que a atenção se estenda às diversas dimensões da existência humana, abrangendo as necessidades físicas, emocionais e espirituais. Este livro se propõe a explorar práticas específicas que podem ser adotadas na igreja local para identificar e atender de maneira integral às necessidades dos membros, enfocando áreas cruciais como cuidado pastoral, discipulado, saúde e suporte financeiro. Ao direcionar nosso olhar a esses aspectos, buscamos fortalecer os alicerces da comunidade, promovendo uma cultura de cuidado que reflita os princípios cristãos fundamentais.

A primeira prática é a identificação das necessidades dos membros da igreja. Isso pode ser feito por meio de visitas pastorais, grupos de estudo bíblico, reuniões de oração, entre outras atividades. É importante estar atento aos sinais que indicam que alguém está passando por uma situação difícil, como a perda de um ente querido, problemas de saúde ou dificuldades financeiras.

O cuidado pastoral é uma prática essencial para atender às necessidades dos membros da igreja. O pastor deve estar disponível para ouvir, aconselhar e orar com os membros que estão passando por dificuldades. Além disso, o cuidado pastoral deve incluir visitas aos membros que estão hospitalizados ou impossibilitados de ir à igreja.

Outra prática importante é o discipulado. Isso envolve a orientação e o ensino de novos convertidos ou de membros que desejam crescer em sua vida espiritual. O discipulado pode ser realizado por meio de estudos bíblicos, mentoring e aconselhamento. É uma maneira de investir na vida dos membros, ajudando-os a crescer em sua fé e em seu relacionamento com Deus.

Cuidar da saúde física dos membros também é importante. Isso pode incluir a promoção de hábitos saudáveis, como a prática de exercícios físicos e uma alimentação equilibrada. Além disso, é importante incentivar os membros a realizarem check-ups regulares e a procurarem ajuda médica quando necessário.

Em última análise, a atenção às necessidades financeiras dos membros da igreja emerge como um aspecto crucial do cuidado integral que a comunidade cristã busca proporcionar. Essa diligência pode se manifestar através do auxílio no pagamento de contas, fornecimento de alimentos e outros suprimentos essenciais. Reafirmando a importância desse compromisso, é imperativo que a igreja se consolide como um ambiente acolhedor e atencioso, onde os membros se sintam amparados em todas as áreas da vida. Cuidar dos membros da igreja não se limita apenas ao aspecto financeiro, mas compreende uma abordagem holística, abraçando as esferas físicas, emocionais e espirituais. Ao praticar o cuidado pastoral, o discipulado, a promoção da saúde e o atendimento às necessidades financeiras, a comunidade cristã nutre um ambiente propício para o crescimento da fé e o fortalecimento dos laços que a unem. Assim, ao cultivar um ambiente de cuidado abrangente, a igreja não apenas cumpre sua missão fundamental, mas também se torna um refúgio de apoio e encorajamento para cada membro que dela faz parte.

Ambiente acolhedor e inclusivo para todos os membros da igreja local, independentemente de suas diferenças

Como cristãos, somos chamados a amar e acolher a todos, independentemente de suas diferenças. No entanto, criar um ambiente acolhedor e inclusivo na igreja local pode ser um desafio, especialmente quando lidamos com questões como raça, gênero, orientação sexual e outros aspectos da diversidade humana. Neste ensaio, discutiremos algumas práticas que podem ajudar a criar um ambiente acolhedor e inclusivo para todos os membros da igreja local.

Uma das práticas mais importantes é a comunicação aberta e honesta. Isso significa que devemos estar dispostos a falar sobre questões difíceis, mesmo que elas possam causar desconforto ou tensão. Devemos estar abertos a aprender e ouvir as perspectivas dos outros, mesmo que elas sejam diferentes das nossas. A Bíblia nos ensina a amar e respeitar a todos, independentemente de suas diferenças, e isso inclui sermos capazes de dialogar e aprender com aqueles que pensam de forma diferente de nós.

Outra prática importante é a liderança inclusiva. A liderança da igreja deve ser diversa e representativa da comunidade que serve. Isso significa que a igreja deve estar aberta a líderes de diferentes origens étnicas, raciais, culturais e socioeconômicas, bem como a líderes de diferentes gêneros e orientações sexuais. A liderança inclusiva não apenas ajuda a criar um ambiente acolhedor para todos os membros, mas também ajuda a garantir que as decisões da igreja sejam tomadas de forma justa e representativa.

Além disso, é importante que a igreja ofereça um ambiente seguro para todos os membros. Isso inclui ter políticas claras de proteção infantil, bem como ter protocolos para lidar com casos de assédio, abuso ou violência. A igreja deve ser um lugar onde todos se sintam seguros e protegidos, e onde possam buscar ajuda e apoio se necessário.

Finalmente, a igreja deve promover uma cultura de amor e respeito mútuo. Isso inclui incentivar a aceitação e a valorização da diversidade humana, bem como desafiar atitudes e comportamentos discriminatórios. A igreja deve ser um lugar onde todos possam sentir que pertencem, independentemente de suas diferenças, e onde possam crescer juntos em sua fé.

Em resumo, criar um ambiente acolhedor e inclusivo para todos os membros da igreja local é essencial para cumprirmos nossa vocação cristã de amar e servir a todos. Isso envolve comunicação aberta e honesta, liderança inclusiva, um ambiente seguro e uma cultura de amor e respeito mútuo. Com essas práticas, podemos ajudar a criar uma comunidade verdadeiramente inclusiva e acolhedora.

MÓDULO IV

LIDERANÇA NA IGREJA E A RESPONSABILIDADE DE TODOS OS CRISTÃOS EM SERVIR A DEUS E AO PRÓXIMO

Neste modulo, abordaremos o tema "Liderança na igreja e a responsabilidade de todos os cristãos em servir a Deus e ao próximo", explorando os princípios fundamentais delineados na Bíblia e enfatizando a importância de cada cristão desempenhar o papel de liderança em suas esferas de influência. Durante essa jornada de aprendizado, dedicaremos especial atenção à responsabilidade do líder cristão na condução da igreja e no orientar de outros membros, oferecendo estratégias práticas para o desenvolvimento contínuo de habilidades de liderança. Aspectos cruciais, como a capacidade de delegar tarefas, a comunicação efetiva e a tomada de decisões na liderança cristã, serão minuciosamente discutidos.

Adicionalmente, este módulo destacará exemplos inspiradores de líderes tanto bíblicos quanto contemporâneos, proporcionando modelos que servem como fontes de inspiração para a liderança cristã. Ao compreendermos como suas características e qualidades podem ser aplicadas tanto na condução da igreja quanto nas dinâmicas cotidianas, alcançaremos uma compreensão mais profunda da liderança eclesiástica. Ao final dessa jornada de estudo, espera-se que os participantes estejam enriquecidos com uma visão mais clara sobre o papel vital que todos os cristãos desempenham ao servir a Deus e ao próximo por meio de suas habilidades de liderança.

Liderança na igreja

A liderança é um aspecto crucial para o sucesso de qualquer organização, inclusive a igreja. Na igreja, a liderança não se trata apenas de gerenciamento e administração, mas também de pastoreio e cuidado com as pessoas. Este ensaio irá explorar a importância da liderança na igreja, destacando sua natureza, características e responsabilidades, além de apresentar referências de teólogos e versículos bíblicos que falam sobre liderança na igreja.

Natureza da liderança na igreja

A liderança na igreja tem uma natureza única, pois envolve liderar as pessoas espiritualmente. A liderança não se refere apenas à organização e gerenciamento de atividades e programas, mas também a pastorear e cuidar das pessoas. A liderança na igreja é uma responsabilidade sagrada, pois é através dos líderes que os membros da igreja são guiados e cuidados espiritualmente. A liderança na igreja deve ser baseada em princípios bíblicos, com o objetivo de glorificar a Deus e cumprir a missão da igreja.

Características da liderança na igreja

A liderança na igreja deve ser exercida com características específicas que refletem o caráter de Deus e a missão da igreja. Alguns dos traços mais importantes incluem humildade, integridade, amor ao próximo, comprometimento com a verdade bíblica, visão e capacidade de ensinar. A humildade é importante porque os líderes da igreja não devem buscar sua própria glória, mas a glória de Deus e o bem-estar dos membros da igreja. A integridade é essencial, pois os líderes da igreja devem ser exemplos de honestidade e justiça. O amor ao próximo é fundamental, pois os líderes da igreja devem se preocupar genuinamente com as pessoas e trabalhar para ajudá-las a crescer espiritualmente. O compromisso com a verdade bíblica é crucial, pois os líderes da igreja devem ensinar e viver de acordo com os ensinamentos da Bíblia. A visão é importante para que os líderes da igreja possam estabelecer metas e direções para a igreja, e a capacidade de ensinar é fundamental, pois os líderes da igreja devem ensinar os membros da igreja a entender e aplicar a Palavra de Deus em suas vidas.

Responsabilidades da liderança na igreja

A liderança na igreja tem diversas responsabilidades, que incluem pastoreio, ensino, discipulado, administração e supervisão. O pastoreio envolve cuidar das necessidades espirituais dos membros da igreja, aconselhá-los e orientá-los. O ensino é uma responsabilidade importante, pois os líderes da igreja devem ensinar os membros da igreja sobre a Palavra de Deus e como aplicá-la em suas vidas. O discipulado é uma responsabilidade central da liderança na igreja, pois os líderes devem orientar e ajudar os membros da igreja a crescerem espiritualmente. A administração é uma responsabilidade importante, pois leva os líderes e membros da igreja a crescerem espiritualmente. A administração é uma responsabilidade importante, pois os líderes devem ser exemplos de bons administradores e cuidar dos recursos que a igreja possui de forma responsável e ética.

Além disso, os líderes devem estar comprometidos com a visão e missão da igreja, trabalhando em equipe e incentivando a colaboração entre os membros. É importante que os líderes estejam dispostos a ouvir os membros da igreja e a considerar suas opiniões e ideias, promovendo assim um ambiente de diálogo aberto e de construção coletiva.

Outro aspecto importante da liderança na igreja é o cuidado pastoral. Os líderes devem estar disponíveis para ouvir e aconselhar os membros da igreja em suas necessidades espirituais, emocionais e físicas. Isso envolve empatia, sensibilidade e capacidade de se colocar no lugar do outro. O cuidado pastoral é um elemento fundamental para o fortalecimento dos vínculos entre os membros da igreja e para a promoção do bem-estar espiritual e emocional de todos.

Em conclusão, a liderança na igreja demanda um comprometimento inabalável com o discipulado, impelindo os líderes a inspirarem o crescimento espiritual e a formação de discípulos dedicados a Jesus Cristo. Esse compromisso abraça o desenvolvimento de estratégias sólidas para o estudo da Bíblia, o ensino dos princípios cristãos e a promoção de uma vida marcada pela oração e devoção a Deus. Além disso, os líderes desempenham um papel vital ao acompanhar de perto o progresso espiritual dos membros da igreja, fornecendo suporte e encorajamento ao longo de suas jornadas.

Nesse aspecto a liderança eclesiástica é uma responsabilidade de grande magnitude, exigindo dedicação séria por parte dos líderes. É imperativo que eles abracem a visão e missão da igreja, administrem os recursos de forma responsável e ética, fomentem a colaboração entre os membros, proporcionem cuidado pastoral e promovam ativamente o discipulado. Quando os líderes atuam com sabedoria e comprometimento, a igreja floresce de maneira saudável, transformando-se em um espaço vibrante de comunhão, amor e constante transformação espiritual.

Impacto da liderança fundadora da igreja no futuro da igreja local e da convenção Batista

A liderança fundadora de uma igreja tem um impacto significativo no futuro da igreja local e da convenção batista como um todo. As igrejas são moldadas pelas características de sua geração fundadora por muitas gerações, refletindo seu comportamento, visão e valores. Da mesma forma, as convenções batistas ao redor do mundo foram formadas para unir as igrejas locais em harmonia e trabalhar juntas em projetos cooperativos.

No entanto, o impacto da liderança fundadora pode ser positivo ou negativo, dependendo de sua visão, caráter e habilidades de liderança. Um líder cristão eficaz deve ser guiado pelos princípios bíblicos de liderança, que incluem humildade, serviço, integridade e visão.

O apóstolo Paulo ensina em Filipenses 2:3-4: "Não façam nada por ambição egoísta ou por vaidade, mas humildemente considerem os outros superiores a si mesmos. Cada um cuide, não somente dos seus interesses, mas também dos interesses dos outros". Um líder cristão deve ser humilde, colocando as necessidades dos outros acima das suas próprias e servindo como um exemplo para os outros seguirem.

Além disso, um líder cristão deve ter integridade, agindo com honestidade e transparência em todos os aspectos de sua vida e liderança. O Salmo 78:72 afirma que o rei Davi liderou Israel "com coração íntegro e mãos hábeis". A integridade é essencial para a confiança e a credibilidade do líder e é uma característica importante para a construção de uma liderança duradoura e impactante.

Outro princípio bíblico de liderança é a visão. Provérbios 29:18 declara: "Sem visão, o povo perece". Um líder cristão deve ter uma visão clara e inspiradora para o futuro da igreja local e da convenção batista, guiado pelo Espírito Santo e fundamentado na Palavra de Deus.

Além disso, um líder cristão deve ter habilidades de liderança eficazes, incluindo habilidades de comunicação, capacidade de motivar e inspirar os outros, e habilidades de gerenciamento. O apóstolo Paulo destaca a importância dessas habilidades de liderança em 1 Timóteo 3:4–5, ao descrever as qualificações de um bispo: "Ele deve governar bem a própria família e manter os filhos sob controle e com todo respeito. Pois, se alguém não sabe governar a própria família, como poderá cuidar da igreja de Deus?".

Portanto, a liderança fundadora da igreja tem um impacto significativo no futuro da igreja local e da convenção batista. Um líder cristão eficaz deve ser guiado pelos princípios bíblicos de liderança, incluindo humildade, serviço, integridade e visão, bem como ter habilidades de liderança eficazes. Ao seguir esses princípios, a liderança pode ter um impacto duradouro e positivo na igreja e na comunidade em geral.

A liderança fundadora de uma igreja tem um grande impacto em seu futuro e no da convenção batista como um todo. As igrejas de hoje refletem o comportamento e a visão de sua geração fundadora, e isso pode ser visto em igrejas que foram plantadas como resultado de um projeto missionário ou em igrejas que surgiram de uma divisão da congregação. Como o apóstolo Paulo escreveu em 1 Coríntios 3:6, "Eu plantei, Apolo regou, mas Deus deu o crescimento". No entanto, as igrejas são moldadas pelas características de sua geração fundadora por muitas gerações. Como Provérbios 22:6 nos ensina, "Ensina a criança no caminho em que deve andar, e, ainda quando for velho, não se desviará dele".

O mesmo princípio se aplica à formação de convenções batistas ao redor do mundo. Como afirmou o estudioso Carlos Mellado em seu livro *O modelo de liderança de Jesus,* essas convenções foram formadas para unir as igrejas locais em harmonia e trabalhar juntas em projetos como o Plano Cooperativo Financeiro, apoio para a implantação de novas igrejas, pensões para pastores e casamentos entre crentes. No futuro, essas convenções continuarão a refletir esse espírito de união e cooperação.

No entanto, as convenções que são formadas apenas pelo ideal administrativo de uma pessoa ou um grupo acabam refletindo suas características negativas em gerações futuras. Isso pode levar a discordâncias e dificuldades na elaboração e manutenção de planos de evangelização e outras atividades. Portanto, é importante que a liderança fundadora de uma igreja ou convenção batista tenha um espírito de união e cooperação, trabalhando para o crescimento e desenvolvimento de toda a comunidade cristã.

A liderança também deve ser capaz de inspirar e motivar os membros da igreja a se envolverem em projetos e atividades que visam ao bem-estar da comunidade. Isso requer liderança eficaz e comunicação clara. Como Josiah Young escreveu em seu livro *Leadership in the church: how traditional roles can help serve the christian community today*, os líderes devem ter habilidades de escuta ativa e empatia para entender as necessidades dos membros da igreja e da comunidade em geral.

Além disso, como Scot McKnight escreveu em seu livro *Kingdom conspiracy: returning to the radical mission of the local church*, a liderança deve ser capaz de identificar e desenvolver talentos dentro da comunidade, capacitando e encorajando os membros a assumir responsabilidades e cargos de liderança. Isso ajudará a fortalecer a igreja e a garantir que haja uma liderança qualificada para continuar a obra iniciada pela geração fundadora.

Em resumo, a liderança fundadora tem um impacto significativo no futuro da igreja e da convenção batista como um todo. É importante que essa liderança seja guiada por um espírito de união e cooperação, trabalhando para o bem-estar da comunidade e capacitando os membros a assumirem responsabilidades e cargos de liderança. Isso garantirá que a igreja continue a crescer e se desenvolver para servir aos propósitos de Deus.

Princípios bíblicos da liderança na igreja local

A liderança é essencial em qualquer organização, incluindo a igreja. Na Bíblia, encontramos vários exemplos de líderes que foram usados por Deus para guiar e orientar o seu povo. Além disso, há também muitos ensinamentos sobre o que é ser um líder cristão e como liderar de acordo com os princípios bíblicos.

Um dos principais ensinamentos bíblicos sobre liderança é encontrado em 1 Pedro 5:1-4, onde o apóstolo Pedro escreve: "Portanto, aos presbíteros que há entre vós, eu, presbítero como eles, testemunho dos sofrimentos de Cristo e participante da glória que se há de revelar: pastoreai o rebanho de Deus que há entre vós, não por constrangimento, mas espontaneamente, como Deus quer; nem por sórdida ganância, mas de boa vontade; nem como dominadores dos que vos foram confiados, mas como modelos do rebanho. E, quando se manifestar o sumo Pastor, recebereis a imarcescível coroa da glória".

Nesse versículo, Pedro enfatiza que um líder cristão deve pastorear o rebanho de Deus com alegria e vontade própria, sem buscar benefícios financeiros ou poder sobre os seus liderados. Além disso, o líder deve ser um exemplo para o rebanho, seguindo o modelo de Jesus Cristo, o Sumo Pastor.

Outro exemplo de liderança bíblica é encontrado em Atos 20:28, onde o apóstolo Paulo diz: "Cuidai de vós mesmos e de todo o rebanho sobre o qual o Espírito Santo vos constituiu bispos, para pastoreardes a igreja de Deus, que ele comprou com o seu próprio sangue".

Nesse versículo, Paulo enfatiza a responsabilidade dos líderes cristãos em cuidar do rebanho que foi confiado a eles pelo Espírito Santo. Além disso, ele destaca a importância de pastorear a igreja de Deus com zelo e dedicação, reconhecendo que ela foi comprada pelo sangue de Jesus Cristo.

Um dos principais autores que escreveram sobre liderança cristã é John C. Maxwell, que em seu livro *As 21 irrefutáveis leis da liderança*, destaca a importância de se tornar um líder influente e capacitado. Ele enfatiza que um líder eficaz deve ter um propósito claro, desenvolver a sua equipe, comunicar de forma clara e inspiradora, tomar decisões corretas e ter uma visão de futuro.

Outro autor que aborda o tema da liderança cristã é Gene Wilkes, em seu livro *Jesus on leadership*. Wilkes destaca a importância de se liderar com humildade, servindo ao invés de ser servido. Ele enfatiza que um líder cristão deve seguir o exemplo de Jesus Cristo, que lavou os pés dos seus discípulos e deu a sua vida por eles.

Em resumo, os princípios bíblicos da liderança na igreja são claros e enfatizam a importância de pastorear o rebanho de Deus com zelo e dedicação, seguindo o exemplo de Jesus Cristo. Um líder cristão deve ter um propósito bem definido para liderar sua igreja. Ele deve estar ciente de sua responsabilidade diante de Deus e da importância de seu papel como servo de Cristo. Como o apóstolo Paulo ensinou em sua carta aos Colossenses: "Tudo o que fizerem, façam de todo o coração, como para o Senhor, e não para os homens" (Colossenses 3:23).

Um dos principais princípios bíblicos da liderança na igreja é o exemplo pessoal. Jesus Cristo, o maior líder que já existiu, mostrou aos seus discípulos o exemplo de um verdadeiro líder ao lavar os pés deles (João 13:1–17). Ele ensinou que o líder deve ser um servo, não alguém que busca poder ou prestígio. O líder cristão deve estar disposto a servir e se sacrificar pelo bem-estar de sua comunidade.

Outro princípio importante é a humildade. O apóstolo Pedro escreveu: "Todos vocês, estejam sujeitos uns aos outros e revistam-se de humildade, porque 'Deus se opõe aos orgulhosos, mas concede graça aos humildes'" (1 Pedro 5:5). O líder cristão deve reconhecer que não é perfeito e que precisa da graça de Deus para liderar com sabedoria e discernimento.

Além disso, o líder cristão deve ser um bom comunicador. Ele deve ser capaz de transmitir claramente sua visão e objetivos para a igreja e inspirar os membros a se envolverem em projetos e atividades que promovam a missão da igreja. Paulo ensina em sua carta aos Efésios: "Não saia da boca de vocês nenhuma palavra torpe, mas apenas a que for útil para edificar os outros, conforme a necessidade, para que conceda graça aos que a ouvem" (Efésios 4:29).

Outro princípio importante é a busca pela sabedoria. O livro de Provérbios ensina que "a sabedoria é a principal coisa; adquire, pois, a sabedoria; sim, com tudo o que possuis, adquire o entendimento" (Provérbios 4:7). O líder cristão deve buscar a sabedoria e o conhecimento para liderar com discernimento e tomar decisões sábias.

Por fim, o líder cristão deve ter uma profunda fé e confiança em Deus. Ele deve estar ciente de que não pode liderar sozinho, mas que precisa do auxílio e orientação de Deus. Paulo escreveu em sua carta aos Filipenses: "Posso todas as coisas naquele que me fortalece" (Filipenses 4:13).

Em resumo, os princípios bíblicos da liderança na igreja incluem o exemplo pessoal, a humildade, a comunicação clara, a busca pela sabedoria e a fé em Deus. O líder cristão deve estar ciente de sua responsabilidade diante de Deus e estar disposto a servir e se sacrificar pelo bem-estar de sua comunidade. Ele deve buscar a sabedoria e o conhecimento para liderar com discernimento e ter uma profunda confiança em Deus para orientá-lo em sua jornada como líder da igreja.

Todos os cristãos devem ser líderes em suas áreas de atuação

Ao pensarmos em liderança, muitas vezes associamos essa capacidade apenas a pessoas que ocupam posições de destaque ou de poder em uma organização ou em uma comunidade. No entanto, a Bíblia nos ensina que todos os cristãos são chamados a serem líderes em suas áreas de atuação, independentemente de sua posição social ou profissional.

Em 1 Pedro 4:10, lemos: "Cada um exerça o dom que recebeu para servir os outros, administrando a graça de Deus em suas diversas formas". Isso significa que cada um de nós recebeu um dom, uma habilidade ou uma capacidade para servir aos outros e para glorificar a Deus em nosso trabalho. Como cristãos, devemos reconhecer e desenvolver esses dons, colocando-os a serviço daqueles que nos rodeiam.

Além disso, a liderança cristã é baseada no exemplo de Jesus Cristo, que veio ao mundo para servir, e não para ser servido (Mateus 20:28). Ele lavou os pés de seus discípulos, mostrando-lhes que a verdadeira liderança está na humildade e no serviço aos outros. Portanto, como cristãos, devemos seguir o exemplo de Jesus, buscando servir e cuidar daqueles que estão ao nosso redor.

John C. Maxwell, em seu livro *The 21 irrefutable laws of leadership* (As 21 leis irrefutáveis da liderança, em tradução livre), destaca a importância da liderança em todos os níveis da sociedade. Ele afirma que a liderança não é uma posição, mas uma influência, e que todos nós temos a capacidade de influenciar os outros, independentemente de nossa posição ou título. Além disso, ele destaca que a liderança não é algo que possamos aprender apenas em uma sala de aula ou através de um livro, mas que precisa ser praticada e desenvolvida no dia a dia.

Na Bíblia, encontramos vários exemplos de líderes que não ocupavam posições de destaque, mas que influenciaram positivamente as pessoas ao seu redor. Um exemplo é Dorcas, uma discípula de Jesus que costurava roupas para os necessitados e que era muito querida pela comunidade (Atos 9:36–42). Ela não ocupava um cargo de liderança, mas sua disposição em servir aos outros a tornou uma líder em sua comunidade.

Portanto, como cristãos, devemos buscar desenvolver nossos dons e habilidades para servir aos outros e glorificar a Deus em nossa vida profissional e pessoal. Devemos seguir o exemplo de Jesus, buscando liderar pelo exemplo e pelo serviço, independentemente de nossa posição ou título. Como nos ensina Colossenses 3:23–24: "E tudo o que fizerem, seja em palavras, seja em ação, façam-no em nome do Senhor Jesus, dando graças a Deus Pai por meio dele".

Responsabilidade do líder cristão

A liderança é um tema recorrente na Bíblia, e os líderes cristãos são chamados a ser exemplos para seus seguidores. A responsabilidade do líder cristão é grande, pois ele é responsável pelo bem-estar espiritual de seus liderados e deve guiar sua comunidade em direção aos propósitos de Deus.

A responsabilidade do líder cristão começa com o exemplo pessoal. O apóstolo Paulo escreve em 1 Timóteo 4:12: "Ninguém despreze a tua mocidade; pelo contrário, torna-te padrão dos fiéis, na palavra, no procedimento, no amor, na fé, na pureza". Essa passagem destaca a importância de o líder cristão ser um modelo para seus seguidores em todos os aspectos da vida.

Além disso, o líder cristão deve ser um guia espiritual para seus liderados. O livro de Provérbios 27:23 diz: "Sê diligente em conhecer o estado das tuas ovelhas e cuida dos teus rebanhos". Isso significa que o líder cristão deve conhecer bem seus liderados, suas necessidades e preocupações, para poder cuidar deles espiritualmente.

O líder cristão também é responsável por conduzir sua comunidade em direção aos propósitos de Deus. Em Romanos 12:2, Paulo escreve: "Não vos conformeis com este mundo, mas transformai-vos pela renovação da vossa mente, para que experimenteis qual seja a boa, agradável e perfeita vontade de Deus". Essa passagem destaca a importância de o líder cristão guiar seus liderados a pensar e agir de acordo com os valores cristãos.

O teólogo John Stott (2010, p. 51) escreveu em seu livro *Cristianismo básico* que "a principal responsabilidade do líder cristão é liderar sua comunidade em direção à missão de Deus". Isso significa que o líder cristão deve estar sempre atento à vontade de Deus para sua comunidade e trabalhar para que sua igreja esteja envolvida em atividades que promovam a obra de Deus no mundo.

Além disso, o líder cristão deve ser um pastor e um conselheiro para seus liderados. Em João 10:11, Jesus disse: "Eu sou o bom pastor; o bom pastor dá a sua vida pelas ovelhas". Isso significa que o líder cristão deve estar disposto a se sacrificar pelos seus liderados, estar disponível para ajudá-los em suas necessidades e aconselhá-los quando necessário.

Em resumo, a responsabilidade do líder cristão é grande e deve ser levada a sério. Ele deve ser um modelo pessoal, um guia espiritual, um condutor em direção aos propósitos de Deus, um pastor e um conselheiro para seus liderados. É importante que o líder cristão esteja sempre buscando a vontade de Deus e trabalhando para que sua comunidade esteja envolvida na obra de Deus no mundo.

Estratégias práticas para o desenvolvimento de habilidades de liderança e capacidade de delegar tarefas

Desenvolver habilidades de liderança e a capacidade de delegar tarefas são competências essenciais em diversos aspectos da vida, sendo cruciais também na jornada cristã. A Bíblia nos orienta sobre a importância de homens e mulheres serem chamados por Deus para liderar e orientar outros em Seu nome. Contudo, liderar pode ser uma tarefa desafiadora, e muitos enfrentam obstáculos ao buscar aprimorar suas habilidades de liderança e ao delegar tarefas de maneira eficaz. Neste ensaio, exploraremos estratégias práticas destinadas ao desenvolvimento dessas habilidades, reconhecendo a relevância dessas aptidões não apenas para o sucesso pessoal, mas também para o cumprimento do chamado divino na vida cristã.

Desenvolvimento de habilidades de liderança

Leia e estude a Bíblia: a Bíblia é a palavra de Deus e nos ensina sobre liderança. Ela contém muitos exemplos de líderes, tanto bons quanto maus, e ensinamentos sobre como liderar com sabedoria. É importante ler e estudar a Bíblia regularmente para desenvolver uma compreensão mais profunda da liderança cristã.

Busque mentoria: procure líderes cristãos experientes e bem-sucedidos em sua comunidade e peça conselhos e orientações. Eles podem ser uma fonte valiosa de insights e conselhos práticos sobre liderança.

Participe de treinamentos e cursos de liderança: existem muitos programas de treinamento e cursos de liderança disponíveis, tanto *on-line* quanto presenciais. Participar desses treinamentos pode ajudar a desenvolver habilidades de liderança, bem como fornecer oportunidades para conhecer outros líderes cristãos.

Pratique a liderança: a liderança é uma habilidade que pode ser aprimorada com a prática. Procure oportunidades para liderar em sua comunidade, na igreja ou em sua vida profissional. Isso pode incluir liderar projetos, equipes ou grupos de estudo.

Capacidade de delegar tarefas

Identifique as habilidades de cada membro da equipe: é importante conhecer as habilidades e pontos fortes de cada membro da equipe para poder delegar tarefas de forma eficaz. Isso também ajuda a garantir que cada pessoa esteja trabalhando em áreas onde ela é mais talentosa e pode contribuir melhor.

Comunique claramente as expectativas: quando delegar tarefas, é importante comunicar claramente o que se espera de cada membro da equipe. Isso inclui o objetivo geral da tarefa, as metas específicas e os prazos.

Forneça feedback regularmente: a comunicação é fundamental para uma delegação de tarefas eficaz. É importante fornecer feedback regularmente para garantir que as tarefas estejam sendo concluídas com sucesso e corrigir quaisquer problemas que possam surgir.

Delegue gradualmente: se você é um líder que tem dificuldade em delegar tarefas, comece gradualmente. Delegue tarefas menores e aumente gradualmente a complexidade e a responsabilidade à medida que ganha confiança na equipe.

Ao considerar estratégias práticas para o desenvolvimento de habilidades de liderança e a capacidade de delegar tarefas, é imperativo ter em mente versículos bíblicos relevantes que orientem essa busca por excelência. Um exemplo notável encontra-se em Romanos 12:2, na Bíblia Sagrada, que adverte: "Não se amoldem ao padrão deste mundo, mas transformem-se pela renovação da sua mente, para que sejam capazes de experimentar e comprovar a boa, agradável e perfeita vontade de Deus". Esse versículo ressalta a crucial importância de renovar a mente e a perspectiva, um processo vital para compreender e seguir a vontade divina. Essa renovação implica abandonar as práticas do mundo, alinhando-se aos ensinamentos de Deus, e emerge como um alicerce fundamental para o desenvolvimento da liderança cristã, orientando os líderes a se desviarem do padrão secular e abraçarem uma abordagem alinhada com os princípios divinos.

O autor John C. Maxwell, em seu livro *O líder 360 graus*, sugere algumas estratégias práticas para o desenvolvimento de habilidades de liderança e capacidade de delegar tarefas. Entre elas, estão:

- dquirir conhecimento e habilidades: um líder precisa estar constantemente aprendendo e se desenvolvendo, tanto em termos de habilidades quanto de conhecimento. Isso inclui aprender com outros líderes, ler livros sobre liderança, participar de treinamentos e cursos, entre outros;

- definir metas claras: é importante que o líder tenha uma visão clara do que deseja alcançar e estabeleça metas específicas para alcançar essa visão. Isso ajuda a manter o foco e a orientar as decisões e ações do líder;

- desenvolver habilidades de comunicação: a habilidade de se comunicar de forma clara e eficaz é essencial para liderar com sucesso. Isso inclui ouvir ativamente, fazer perguntas claras, expressar-se de forma clara e objetiva e adaptar a mensagem ao público;

- capacidade de delegar tarefas: um bom líder sabe que não pode fazer tudo sozinho e é capaz de delegar tarefas de forma eficaz. Isso envolve identificar as habilidades e pontos fortes de sua equipe, atribuir tarefas com base nessas habilidades e fornecer o suporte e recursos necessários para garantir que as tarefas sejam concluídas com sucesso.

Em resumo, a liderança cristã é baseada em seguir os ensinamentos de Deus e renovar a mente. Além disso, é fundamental que um líder cristão desenvolva habilidades práticas, como adquirir conhecimento e habilidades, definir metas claras, desenvolver habilidades de comunicação e capacidade de delegar tarefas, para liderar com sucesso em suas áreas de atuação.

A liderança é uma habilidade importante em todas as áreas da vida, incluindo o ambiente de trabalho, a comunidade e a igreja. É importante que todos os cristãos sejam líderes em suas áreas de atuação, independentemente do cargo ou posição que ocupem. A liderança é mais do que um título ou posição, é uma mentalidade e uma forma de vida.

A Bíblia nos ensina sobre liderança e como ser um bom líder. Em Mateus 20:25–28, Jesus disse aos seus discípulos: "Vocês sabem que os governantes das nações as dominam, e as pessoas importantes exercem poder sobre elas. Não será assim entre vocês. Pelo contrário, quem quiser tornar-se importante entre vocês deverá ser servo, e quem quiser ser o primeiro deverá ser escravo, como o Filho do homem, que não veio para ser servido, mas para servir e dar a sua vida em resgate por muitos". Essas palavras de Jesus mostram que a liderança cristã é baseada no serviço e no amor ao próximo.

O apóstolo Paulo também nos ensina sobre liderança em sua carta a Timóteo. Em 1 Timóteo 3:1–7, ele estabelece os requisitos para os líderes da igreja: "Esta palavra é digna de confiança: se alguém almeja o episcopado, deseja uma nobre função. É necessário, pois, que o bispo seja irrepreensível, marido de uma só mulher, sóbrio, sensato, respeitável, hospitaleiro e apto para ensinar; não deve ser dado ao vinho nem violento, mas sim amável, pacífico e não apegado ao dinheiro. Deve governar bem a sua própria família, tendo os filhos sujeitos a ele, com toda a dignidade. Pois, se alguém não sabe governar a sua própria família, como poderá cuidar da igreja de Deus? Não deve ser recém-convertido, para que não se ensoberbeça e caia na mesma condenação em que caiu o Diabo. É necessário que ele tenha também bom testemunho entre os de fora, para que não caia em descrédito e na cilada do Diabo".

Além dessas referências bíblicas, há diversos autores que escreveram sobre liderança cristã e oferecem estratégias práticas para o desenvolvimento de habilidades de liderança. John C. Maxwell, autor de diversos livros sobre liderança, como *As 21 irrefutáveis leis da liderança* e *O poder da liderança servidora*, enfatiza a importância do autodesenvolvimento e da capacidade de delegar tarefas. Peter Drucker, considerado o pai da administração moderna, também escreveu sobre liderança e gestão em sua obra *O gerente eficaz*. Ele enfatiza a importância da clareza de objetivos e do foco nas pessoas.

Em síntese, a liderança cristã fundamenta-se no serviço e no amor ao próximo, instando todos os cristãos a assumirem papéis de liderança em suas esferas de influência. A Bíblia oferece ensinamentos claros sobre os requisitos para os líderes da igreja, e alguns teólogos renomados contribuíram significativamente para o desenvolvimento de habilidades de liderança e a capacidade de delegar tarefas.

A Bíblia, por sua vez, também fornece valiosos ensinamentos sobre liderança e delegação de tarefas. Em Provérbios 29:18, somos alertados sobre a importância de líderes sábios para guiar o povo. No relato de Êxodo

18:13-27, aprendemos com Moisés a essencialidade de delegar responsabilidades aos líderes menores, otimizando a eficiência do trabalho. Em Romanos 12:6-8, somos lembrados de que cada pessoa possui dons distintos, incentivando o desenvolvimento dessas habilidades para servir aos outros e liderar eficazmente em suas áreas de atuação. Assim, a combinação entre princípios bíblicos e insights práticos proporciona uma base sólida para a liderança cristã, inspirando a todos a exercerem suas habilidades com zelo e alegria, visando ao bem comum e ao avanço do Reino de Deus.

Comunicação efetiva e tomada de decisões

Comunicação efetiva e tomada de decisões são duas habilidades essenciais para o sucesso de qualquer líder, independentemente do campo de atuação. No contexto cristão, essas habilidades são ainda mais importantes, pois impactam diretamente a forma como as pessoas se relacionam e trabalham juntas em prol da missão da igreja.

A Bíblia é clara em relação à importância da comunicação e da tomada de decisões sábias. Em Provérbios 18:21, lemos que "a língua tem poder sobre a vida e sobre a morte; os que gostam de usá-la comerão do seu fruto". Esse versículo nos mostra que as palavras que proferimos têm um grande impacto na vida das pessoas ao nosso redor e que devemos usá-las com sabedoria.

Além disso, em Provérbios 15:22, encontramos a seguinte afirmação: "Os planos fracassam por falta de conselho, mas são bem-sucedidos quando há muitos conselheiros". Esse versículo nos mostra que, para tomar decisões sábias, é importante buscar a opinião e o conselho de outras pessoas, especialmente de pessoas mais experientes e maduras na fé.

Em relação à comunicação, um dos autores cristãos mais renomados nesse assunto é John C. Maxwell. Em seu livro *O poder da comunicação positiva*, ele apresenta diversos princípios que podem ajudar os líderes a se comunicarem de forma mais efetiva, tais como: focar os pontos fortes, e não as fraquezas das pessoas; ser claro e objetivo em sua comunicação; usar histórias e exemplos para ilustrar seus pontos; ser empático e compreensivo com as pessoas ao seu redor.

Já em relação à tomada de decisões, um dos autores cristãos mais conhecidos nesse assunto é Henry Cloud. Em seu livro *Limites para líderes*, ele apresenta diversos princípios que podem ajudar os líderes a tomarem decisões sábias e efetivas, tais como: saber identificar os limites e as possibilidades de cada situação; saber dizer "não" quando necessário; não ter medo de pedir ajuda ou conselho; ser flexível e adaptável diante das mudanças.

Em relação à capacidade de delegar tarefas, uma habilidade essencial para todo líder, a Bíblia também traz importantes ensinamentos. Em Êxodo 18:13-26, encontramos a história de Moisés, que estava sobrecarregado de trabalho e não conseguia dar conta de todas as demandas do povo. Foi então que Jetro, seu sogro, lhe aconselhou a delegar tarefas para outras pessoas de confiança. Moisés seguiu esse conselho e conseguiu reduzir sua carga de trabalho e melhorar a efetividade de sua liderança.

Em resumo, a comunicação efetiva, a tomada de decisões sábias e a capacidade de delegar tarefas são habilidades essenciais para todo líder cristão. Ao buscar a sabedoria da Bíblia e dos autores cristãos que escreveram sobre esses temas, podemos nos tornar líderes mais efetivos e bem-sucedidos.

A comunicação efetiva e a tomada de decisões são habilidades cruciais para a liderança em qualquer área de atuação. A capacidade de se comunicar claramente e tomar decisões informadas e bem pensadas pode fazer a diferença entre o sucesso e o fracasso de uma equipe ou organização. Na Bíblia, há muitos exemplos de líderes que se comunicaram bem e tomaram decisões sábias, como Moisés, Davi, Paulo e, acima de tudo, Jesus.

Em Provérbios 16:3, está escrito: "Consagre ao Senhor tudo o que você faz, e os seus planos serão bem-sucedidos". Essa passagem bíblica nos ensina que a tomada de decisões deve ser guiada pela sabedoria e pela vontade de Deus. Em vez de confiar em nossas próprias capacidades, devemos buscar a orientação divina e confiar em sua sabedoria para guiar nossas escolhas.

Outro versículo importante é Provérbios 15:1, que diz: "A resposta calma desvia a fúria, mas a palavra ríspida desperta a ira". A comunicação efetiva é fundamental para a resolução de conflitos e para garantir que as decisões sejam compreendidas e aceitas por todos os membros da equipe. É importante falar com clareza e ouvir ativamente o que os outros têm a dizer, para que se possa tomar decisões informadas e evitar mal-entendidos.

Além da sabedoria bíblica, há muitos autores que escreveram sobre a comunicação efetiva e a tomada de decisões na liderança. Um deles é Dale Carnegie, autor do livro *Como fazer amigos e influenciar pessoas*, que enfatiza a importância de ouvir os outros e de encontrar soluções em conjunto.

Outro autor importante é Stephen Covey, autor de *Os sete hábitos das pessoas altamente eficazes*, que apresenta estratégias para tomar decisões informadas e para se comunicar de forma clara e efetiva.

Em suma, a comunicação efetiva e a tomada de decisões são habilidades fundamentais para qualquer líder cristão que busca ser bem-sucedido em sua área de atuação. Ao seguir a sabedoria bíblica e aprender com autores renomados, podemos desenvolver essas habilidades e liderar com sabedoria, amor e compaixão.

Aprendendo com líderes exemplares

Aprender com líderes exemplares pode ser uma fonte valiosa de inspiração e orientação para os cristãos que desejam se tornar líderes eficazes em suas áreas de atuação. Na Bíblia, encontramos diversos exemplos de líderes exemplares, como Moisés, Josué, Davi, Ester, entre outros. Além disso, a história da Igreja também nos fornece exemplos de líderes que influenciaram positivamente suas comunidades e deixaram um legado duradouro.

Um exemplo bíblico de um líder é Moisés. Ele liderou os israelitas do Egito para a terra prometida, enfrentando diversos desafios e demonstrando uma profunda confiança em Deus. Em Êxodo 3:10, Deus chama Moisés para liderar o povo de Israel, dizendo: "Vem, agora, e eu te enviarei a Faraó, para que tires o meu povo, os filhos de Israel, do Egito". Moisés respondeu com humildade e disposição em servir a Deus, mesmo que isso significasse enfrentar grandes desafios.

Outro exemplo bíblico de liderança exemplar é Davi, o rei de Israel. Ele é descrito como um homem segundo o coração de Deus (Atos 13:22) e foi escolhido por Deus para liderar o seu povo. Davi enfrentou muitos desafios em sua vida, mas sempre buscou a orientação de Deus em suas decisões. Em 1 Samuel 30:6, quando Davi e seus homens voltaram de uma batalha e encontraram a cidade saqueada e suas famílias capturadas, Davi se fortaleceu no Senhor, buscando a orientação divina para saber o que fazer.

Na história da Igreja, um exemplo de liderança exemplar é Martinho Lutero, um monge alemão que liderou a Reforma Protestante no século XVI. Ele enfrentou muita oposição da Igreja Católica, mas sua coragem e convicção na verdade bíblica influenciaram profundamente a Igreja e o mundo. Lutero ensinou que a salvação é pela graça de Deus, e não pelas obras, e defendeu a ideia de que todos os cristãos têm o direito de ler e interpretar a Bíblia por si mesmos.

Além desses exemplos, a literatura cristã também nos fornece exemplos de líderes exemplares. Um exemplo é John C. Maxwell, um pastor e autor que escreveu extensivamente sobre liderança cristã. Em seu livro *As 21 irrefutáveis leis da liderança*, Maxwell oferece conselhos práticos para liderança baseados em princípios bíblicos.

Outro exemplo é Bill Hybels, o fundador da Willow Creek Community Church nos Estados Unidos. Hybels é conhecido por sua liderança visionária e inovadora, que ajudou a igreja a crescer significativamente em número e impacto. Em seu livro *Liderança corajosa*, Hybels descreve a importância da liderança corajosa e oferece conselhos práticos para desenvolver essa qualidade em líderes.

Aprendendo com líderes exemplares, podemos obter insights valiosos sobre o que é necessário para liderar com excelência em nossas vidas e em nossas áreas de atuação. A Bíblia, em particular, é repleta de histórias de líderes que foram bem-sucedidos em sua missão, apesar das adversidades.

Um exemplo notável é o de Davi, o rei de Israel. Ele foi escolhido por Deus para liderar o povo de Israel em um momento em que o país estava dividido e enfrentava ameaças de inimigos poderosos. Embora tenha enfrentado muitos desafios ao longo de seu reinado, Davi é lembrado como um líder exemplar por causa de sua coragem, sabedoria e integridade.

Outro exemplo notável é o de Paulo, um dos apóstolos de Jesus Cristo. Ele foi um líder incansável que viajou pelo mundo conhecido de sua época, pregando o evangelho e estabelecendo igrejas. Apesar de ter enfrentado muitos obstáculos e perseguições, Paulo nunca desistiu de sua missão e é lembrado como um modelo de coragem, comprometimento e perseverança.

Além desses exemplos bíblicos, há muitos outros líderes exemplares ao longo da história, incluindo Martin Luther King Jr., Mahatma Gandhi e Nelson Mandela. Cada um desses líderes enfrentou desafios únicos em suas vidas, mas todos eles compartilhavam qualidades importantes, como coragem, visão, habilidades de comunicação e capacidade de inspirar os outros.

Ao estudar a vida desses líderes exemplares, podemos aprender lições valiosas sobre o que é necessário para liderar com excelência. Podemos aprender sobre a importância da coragem, da visão, da integridade e do comprometimento. Podemos aprender sobre a importância de estabelecer metas claras e comunicá-las de forma eficaz, bem como sobre a importância de ser um bom ouvinte e estar aberto a feedback construtivo.

Ao final, aprendendo com líderes exemplares, podemos desenvolver as habilidades necessárias para liderar com excelência em nossas próprias áreas de atuação.

Lições de liderança cristã: exemplos bíblicos e contemporâneos aplicados à vida diária e à condução da igreja

Desde os tempos bíblicos, figuras exemplares como Moisés, Josué e Davi personificaram a liderança corajosa, piedosa e humilde, tornando-se faróis de inspiração para os cristãos. O Novo Testamento, por sua vez, apresenta Jesus Cristo como o supremo líder, cujo ensinamento central é a liderança fundamentada no amor e serviço desinteressado. Na contemporaneidade, líderes notáveis como Billy Graham e Martin Luther King Jr. legaram um impacto significativo, influenciando milhões com sua mensagem e ação determinada.

Ao analisarmos esses líderes, identificamos características cruciais que se estendem à liderança cristã contemporânea. A humildade destaca-se como uma virtude essencial, evidenciada na busca contínua por orientação divina e no reconhecimento da importância do apoio humano. A integridade, visível na honestidade e confiabilidade, figura como pilar fundamental. A coragem, revelada nas situações desafiadoras, e o serviço desinteressado, que coloca as necessidades dos outros em primeiro plano, são traços que ressoam nas lideranças exemplares. A comunicação eficaz, habilidade de transmitir mensagens de forma clara e impactante, completa o quadro de características aplicáveis tanto à liderança cristã quanto à da vida cotidiana.

Essas virtudes não são meramente teóricas, mas encontram aplicação prática na condução da igreja e nas atividades diárias. Líderes cristãos são chamados a refletir a humildade ao buscar direção divina e colaborar com outros. A manutenção da integridade, o enfrentamento corajoso de desafios e o serviço amoroso são imperativos para impactar positivamente aqueles ao redor. A comunicação eficaz torna-se vital para liderar com êxito, amplificando o impacto positivo nas vidas da comunidade. Ao estudar exemplos bíblicos e contemporâneos, absorvemos valiosas lições sobre as bases essenciais para liderar com sucesso na fé cristã, aplicáveis não apenas na esfera eclesiástica, mas em cada aspecto da vida.

MÓDULO V

EVANGELISMO, MISSÃO, DISCIPULADO E ESPIRITUALIDADE PESSOAL

Bem-vindo ao Módulo V, uma seção dedicada aos alicerces essenciais do cristianismo: Evangelismo, Missão, Discipulado e Espiritualidade Pessoal. Este capítulo do livro foi meticulosamente desenvolvido para capacitar os membros da igreja, fornecendo-lhes ferramentas indispensáveis para expressar a fé de maneira correta, cultivar uma visão missionária, fortalecer o discipulado e aprimorar a espiritualidade individual.

Ao longo dessa jornada educativa, você será orientado em técnicas e estratégias que possibilitam o compartilhamento da fé de forma respeitosa e adaptada a diversos públicos. Abordaremos a importância da visão missionária, explorando maneiras pelas quais a igreja pode alcançar diferentes regiões e culturas com a mensagem do evangelho.

O discipulado ocupará um lugar central, elucidando métodos essenciais para orientar outros na jornada da fé cristã, desempenhando um papel crucial no crescimento da comunidade eclesiástica. Por fim, discutiremos a relevância da espiritualidade pessoal, detalhando práticas que promovem uma vida devocional saudável e constante.

Ao concluir este módulo, você estará habilitado a compartilhar sua fé com eficácia, possuirá uma visão missionária mais abrangente e contribuirá para o fortalecimento espiritual próprio e dos demais membros da igreja. Convidamos você a se juntar a nós nessa jornada de aprendizado e crescimento na evangelização, missão, discipulado e espiritualidade pessoal. Que esse seja um tempo significativo de enriquecimento espiritual e fortalecimento da comunidade cristã.

Evangelismo e missão da igreja

A missão da igreja cristã é proclamar o evangelho de Jesus Cristo ao mundo, uma responsabilidade conhecida como evangelismo e missão. Esse imperativo busca proporcionar às pessoas a oportunidade de conhecer e se relacionar com Deus, encontrando a salvação por meio da fé em Cristo. Tais princípios têm raízes na Bíblia, desde o Antigo Testamento, onde Deus chamou seu povo para ser uma luz às nações, revelando sua glória e amor através de palavras e ações. No Novo Testamento, Jesus e seus discípulos continuaram essa missão, proclamando o Reino de Deus e convidando à transformação através do arrependimento e fé em Jesus como Salvador e Senhor.

A Bíblia ensina que a igreja, como o corpo de Cristo, é convocada a estender sua obra na terra. Seguidores de Jesus são orientados a amar o próximo e compartilhar o evangelho, considerando essa missão como uma responsabilidade e privilégio, essencial para o crescimento da igreja e a concretização do plano divino na terra. Reconhecida por vários teólogos cristãos, a importância do evangelismo é ressaltada por John Stott, que na sua obra *A cruz de Cristo* destaca a cruz como a maior expressão do amor divino e o evangelismo como o veículo para comunicar esse amor ao mundo. Ele enfatiza o papel crucial do testemunho pessoal e do cuidado no discipulado.

Outro teólogo, Lesslie Newbigin, reforça a importância do evangelismo e da missão em *O evangelho em uma sociedade pluralista*. Ele argumenta que a igreja deve permanecer atenta aos desafios da sociedade, procurando maneiras criativas e relevantes de comunicar o evangelho e servir às pessoas. Newbigin destaca a importância da colaboração entre igrejas locais, buscando a unidade para cumprir a missão confiada a elas. Em síntese, o evangelismo e a missão são fundamentais para a identidade e propósito da igreja cristã, e é imperativo que, como seguidores de Jesus, sejamos fiéis a essa missão, confiando no poder do Espírito Santo e na graça de Deus para desempenhar o que nos foi confiado.

Técnicas de comunicação e evangelismo pessoal

Compartilhar o evangelho com efetividade é uma responsabilidade da igreja, e para isso a comunicação clara e a abordagem adequada desempenham papéis fundamentais na disseminação da mensagem da salvação. Este ensaio explora diversas técnicas de comunicação e evangelismo pessoal que podem aprimorar a proclamação do evangelho.

Primeiramente, é vital lembrar que o evangelismo vai além da proclamação verbal, incorporando também o testemunho de vida. Nossa conduta diária deve refletir a mensagem que estamos compartilhando, como enfatizou Jesus ao dizer: "Assim resplandeça a vossa luz diante dos homens, para que vejam as vossas boas obras e glorifiquem o vosso Pai que está nos céus" (Mateus 5:16). Adicionalmente, a busca por compreender as pessoas que desejamos alcançar é crucial. Conhecer suas necessidades, interesses e preocupações é essencial, conforme destacou Paulo: "Fiz-me tudo para com todos, com o fim de, por todos os modos, salvar alguns" (1 Coríntios 9:22).

A utilização de histórias e ilustrações figura como outra técnica relevante. Da mesma forma que Jesus empregava parábolas para transmitir verdades espirituais, histórias tornam a mensagem mais clara e envolvente, enquanto ilustrações auxiliam na fixação da mensagem na mente da audiência.

Ademais, é importante estar atento ao tempo adequado para compartilhar a mensagem, como orientou Pedro: "Estai sempre preparados para responder com mansidão e temor a todo aquele que vos pedir a razão da esperança que há em vós" (1 Pedro 3:15). A sensibilidade ao Espírito Santo é essencial para identificar o momento propício para falar.

Por fim, é imperativo reconhecer que a efetividade do evangelismo não reside apenas em habilidades ou técnicas, mas principalmente na atuação do Espírito Santo, conforme ressaltou Paulo: "Irmãos, quero que saibam que o evangelho por mim anunciado não é de origem humana. Não o recebi de homem algum nem me foi ensinado; ao contrário, eu o recebi de Jesus Cristo por revelação divina" (Gallatas 1:11-12).

Em resumo, compartilhar o evangelho com efetividade demanda uma combinação de habilidades, técnicas e sensibilidade ao Espírito Santo. O testemunho de vida é tão crucial quanto as palavras proferidas, enquanto o entendimento das pessoas e o uso de narrativas e ilustrações são estratégias valiosas. Contudo, confiar na ação do Espírito Santo permanece como o alicerce fundamental para tocar os corações daqueles a quem desejamos alcançar.

Visão missionária da igreja

A igreja cristã tem uma responsabilidade primordial de levar o evangelho a todo o mundo (Mateus 28:19-20), e para cumprir essa missão, é necessário desenvolver uma visão missionária. Uma visão missionária é a compreensão de que a igreja existe para cumprir a Grande Comissão e para alcançar o mundo com o amor e a verdade de Jesus Cristo.

Desenvolver uma visão missionária na igreja começa com um entendimento claro da vontade de Deus em relação à missão. A Bíblia é clara em afirmar que Deus deseja que todas as pessoas sejam salvas e conheçam a verdade (1 Timóteo 2:4). Além disso, a Bíblia nos ensina que a igreja é o instrumento que Deus escolheu para alcançar o mundo com o evangelho (Romanos 10:14-15).

Para desenvolver uma visão missionária na igreja, é necessário envolver os membros em atividades missionárias. Isso pode ser feito através de campanhas evangelísticas, missões de curto prazo ou projetos de ajuda humanitária em áreas carentes. Quando os membros da igreja se envolvem em atividades missionárias, eles são desafiados a ver o mundo do ponto de vista de Deus e a compartilhar o amor de Cristo com aqueles que ainda não o conhecem.

Outro aspecto importante é o investimento em treinamento e capacitação dos membros da igreja. Os membros precisam ser capacitados para compartilhar o evangelho com eficácia e para liderar outros a Cristo. Isso pode ser feito através de seminários, cursos de evangelismo pessoal e discipulado. Além disso, é importante incentivar a leitura e estudo da Bíblia, que é a principal fonte de instrução para a missão da igreja.

A liderança da igreja tem um papel fundamental no desenvolvimento de uma visão missionária. É importante que os líderes da igreja demonstrem um compromisso pessoal com a missão e que motivem e encorajem a congregação a se envolver em atividades missionárias. Os líderes também podem ajudar a identificar e apoiar os membros que têm o chamado para o ministério missionário em tempo integral.

Por fim, é importante que a igreja esteja conectada com outras igrejas e organizações missionárias. Essas conexões podem ajudar a expandir o alcance da igreja e proporcionar oportunidades para compartilhar recursos e experiências. A cooperação entre as igrejas também é importante para evitar a duplicação de esforços e para maximizar os resultados na missão.

Desenvolver uma visão missionária na igreja é um processo contínuo que requer compromisso, dedicação e oração. Quando a igreja está unida em torno da missão de levar o evangelho ao mundo, ela se torna um poderoso instrumento nas mãos de Deus para transformar vidas e comunidades.

Em seu livro *A missão cristã no mundo moderno*, o teólogo britânico John Stott discute a importância da igreja ter uma visão missionária para cumprir seu papel no mundo. Segundo ele, a igreja deve ser uma comunidade missionária, consciente de sua responsabilidade em compartilhar o evangelho com o mundo.

Para desenvolver essa visão missionária, Stott sugere que a igreja adote algumas práticas. Em primeiro lugar, a igreja deve ter uma teologia bíblica que sustente sua visão missionária. Isso significa entender que a missão é parte integrante do propósito de Deus para a igreja e que todas as atividades da igreja devem ser direcionadas para esse fim.

Em segundo lugar, a igreja deve se envolver em evangelismo e testemunho. Isso envolve não apenas compartilhar o evangelho com as pessoas, mas também viver uma vida coerente com o que se prega. É importante que a igreja esteja presente na vida da comunidade, servindo e amando as pessoas, a fim de que elas possam ver o amor de Deus em ação.

Em terceiro lugar, a igreja deve ser engajada em ações de justiça e misericórdia. Isso significa lutar contra as injustiças sociais, defender os oprimidos e ajudar os necessitados. Stott enfatiza que a igreja deve estar comprometida com a transformação social e cultural, trabalhando pela construção de uma sociedade mais justa e humana.

Por fim, Stott destaca a importância da oração na visão missionária da igreja. A oração é fundamental para que a igreja tenha clareza em sua missão, força para perseverar e poder para realizar as obras que Deus tem preparado para ela.

A visão missionária da igreja é claramente apresentada nas Escrituras. Em Mateus 28:19-20, Jesus instrui seus discípulos a fazerem discípulos de todas as nações, batizando-os em nome do Pai, do Filho e do Espírito Santo, e ensinando-lhes a obedecer a tudo o que ele ordenou. Em Atos 1:8, Jesus promete aos seus discípulos que receberão poder para serem suas testemunhas em Jerusalém, em toda a Judeia e Samaria, e até os confins da terra.

A igreja deve, portanto, desenvolver uma visão missionária que esteja alinhada com a vontade de Deus e que se preocupe em alcançar todas as pessoas com o evangelho. Para isso, é necessário uma teologia bíblica, evangelismo e testemunho, ações de justiça e misericórdia e a prática constante da oração.

Alcançando a comunidade local

A igreja tem o papel de ser uma luz no mundo, alcançando não somente pessoas distantes geograficamente, mas também aqueles que estão em nossa própria comunidade. É importante que a igreja tenha uma visão clara sobre como alcançar sua comunidade local, levando a mensagem do evangelho e impactando vidas. Neste ensaio, serão abordadas algumas estratégias para alcançar a comunidade local, com base em referências bíblicas e em teólogos cristãos.

Conhecer a comunidade: para alcançar a comunidade local, é necessário conhecer suas necessidades e características. É importante que a igreja se envolva em projetos e ações que atendam às necessidades locais, como assistência social, saúde, educação, cultura e esporte. Dessa forma, a igreja se torna relevante e impacta positivamente a comunidade. "Procurai o bem da cidade para onde vos desterrei e orai por ela ao Senhor; porque na sua prosperidade vós também prosperareis" (Jeremias 29:7).

Relacionamento interpessoal: o relacionamento interpessoal é fundamental para alcançar a comunidade local. A igreja deve se aproximar das pessoas, dialogar com elas, ouvi-las e criar laços de amizade e confiança. Isso pode ser feito por meio de visitas domiciliares, eventos culturais, projetos sociais e evangelísticos. "Amados, se Deus assim nos amou, também nós devemos amar uns aos outros" (1 João 4:11).

Evangelismo pessoal: o evangelismo pessoal é uma forma eficaz de alcançar a comunidade local. É importante que a igreja treine e capacite seus membros para compartilhar o evangelho de forma clara e contextualizada, usando uma linguagem acessível e respeitando a cultura e a religiosidade local. O evangelismo pessoal pode ser realizado por meio de visitas domiciliares, conversas informais, distribuição de materiais evangelísticos e convites para eventos na igreja. "Ide por todo o mundo e pregai o evangelho a toda criatura" (Marcos 16:15).

Ações comunitárias: a igreja pode desenvolver ações comunitárias que gerem impacto positivo na comunidade, como campanhas de doação de sangue, de alimentos e de roupas, projetos de limpeza e preservação do meio ambiente, entre outros. Essas ações demonstram o amor e a preocupação da igreja com a comunidade e abrem portas para o compartilhamento do evangelho. "Assim resplandeça a vossa luz diante dos homens, para que vejam as vossas boas obras e glorifiquem o vosso Pai que está nos céus" (Mateus 5:16).

Alcançar a comunidade local é um desafio para a igreja, mas também é uma grande oportunidade para ser sal e luz na sociedade. Conhecer a comunidade, estabelecer relacionamentos interpessoais, evangelizar pessoalmente e desenvolver ações comunitárias são algumas estratégias eficazes para alcançar a comunidade local. Que tal irmos além de nossos muros da igreja e alcançarmos as pessoas que vivem e trabalham em nossa comunidade local? Afinal, a igreja não existe apenas para si mesma, mas para servir e abençoar a sociedade em que está inserida.

O apóstolo Paulo, em sua carta aos Coríntios, nos ensina que devemos nos tornar tudo para todos, para que de alguma forma possamos alcançar alguns (1 Coríntios 9:22). Isso significa que precisamos estar dispostos a nos adaptar e nos aproximar das pessoas em nossa comunidade local, para que possamos compartilhar o amor de Cristo com elas.

Uma das formas mais eficazes de alcançar a comunidade local é através do serviço. Quando a igreja se envolve em projetos de serviço comunitário, como limpeza de parques, arrecadação de alimentos para os necessitados ou construção de casas para os sem-teto, isso demonstra o amor prático de Deus para as pessoas de nossa comunidade. Além disso, o serviço comunitário cria oportunidades para a igreja se envolver e se relacionar com as pessoas, abrindo portas para compartilhar o evangelho.

Outra estratégia é a realização de eventos comunitários, como feiras de saúde, festivais culturais, concertos ou eventos esportivos. Esses eventos fornecem uma oportunidade para a igreja mostrar apoio e amor à comunidade, além de criar oportunidades para compartilhar o evangelho. A igreja pode oferecer atendimentos médicos gratuitos, informações sobre saúde e prevenção de doenças, apresentações musicais, entre outras atividades que demonstrem o amor de Cristo para com as pessoas.

Também é importante a igreja investir na formação de líderes comunitários cristãos. Quando líderes comunitários são treinados na Palavra de Deus e no ministério, eles podem servir como agentes de transformação em suas comunidades. Eles podem liderar projetos de serviço comunitário, eventos evangelísticos e outras atividades que demonstrem o amor de Cristo para com as pessoas.

Em resumo, alcançar a comunidade local é um processo que exige investimento, envolvimento e amor prático. Precisamos estar dispostos a nos adaptar e nos aproximar das pessoas em nossa comunidade, servir de forma prática, oferecer eventos comunitários e investir na formação de líderes cristãos. Assim, podemos ser agentes de transformação em nossa comunidade local, compartilhando o amor de Cristo e cumprindo a nossa missão como igreja.

Discipulado na igreja local

A palavra discipulado vem do grego "mathetes", que significa aluno, aprendiz ou seguidor. Na Bíblia, o discipulado é um tema central, pois Jesus deixou claro que sua missão era fazer discípulos e ensinar-lhes a guardar os seus mandamentos. O discipulado é um processo contínuo de crescimento espiritual, que envolve a transmissão de conhecimento e valores, bem como a prática da vida cristã. Neste ensaio, exploraremos a importância do discipulado na igreja, citando versículos bíblicos e teólogos cristãos.

O discipulado é fundamental para a saúde e crescimento da igreja local. Ele é a base para a formação de líderes e para o cumprimento da Grande Comissão, que é levar o evangelho a todas as nações. Jesus é o modelo perfeito de discipulador, que investiu na vida de seus discípulos por três anos, treinando-os para serem seus sucessores na terra. Como discípulos de Jesus, temos a responsabilidade de reproduzir esse modelo, investindo na vida de outros e ajudando-os a crescer em sua fé.

O discipulado é também uma forma de comunhão e edificação mútua entre os membros da igreja. Quando nos tornamos discípulos uns dos outros, passamos a compartilhar nossas lutas e desafios, bem como nossos sucessos e vitórias. O discipulado nos ajuda a crescer em amor e unidade, fortalecendo os laços que nos unem como igreja.

Além disso, o discipulado é uma forma de prevenção e cura espiritual. Ele nos ajuda a evitar armadilhas e tentações, pois nos ensina a viver de acordo com os valores e princípios do Reino de Deus. Quando nos tornamos discípulos de alguém, temos alguém para nos guiar e aconselhar em momentos de dificuldade. O discipulado também nos ajuda a lidar com feridas emocionais e traumas do passado, pois nos ensina a perdoar e a buscar a cura em Cristo.

É imperativo instigar a reflexão dentro da igreja sobre passagens bíblicas que destacam a importância do discipulado. O versículo em Mateus 28:19-20 ressoa como um mandato claro de Jesus para fazer discípulos de todas as nações, sublinhando a importância do batismo e do ensino contínuo. A orientação em 2 Timóteo 2:2 reforça a necessidade de transmitir o conhecimento adquirido a outros, gerando uma corrente de ensino e aprendizado. Além disso, a humildade inerente ao discipulado é enfatizada em Lucas 14:11, recordando-nos que aqueles que se exaltam serão humilhados, enquanto os humildes serão exaltados. Nesse contexto, é fundamental também considerar as perspectivas de teólogos cristãos sobre o discipulado, enriquecendo nossa compreensão e prática desse mandato bíblico.

O discipulado é uma das principais responsabilidades da igreja, pois é por meio dele que os crentes são treinados e equipados para servir a Deus. No entanto, muitas igrejas ainda lutam para desenvolver um programa efetivo de discipulado. Neste ensaio, discutiremos a importância do discipulado na igreja e como discipular membros da igreja.

O discipulado é fundamental para o crescimento espiritual dos membros da igreja. Jesus ordenou a seus discípulos "ir e fazer discípulos de todas as nações" (Mateus 28:19). Ele também ensinou que o discipulado envolve não apenas a transmissão de informações, mas também o acompanhamento pessoal e o treinamento prático. Os discípulos de Jesus eram treinados e equipados por Ele para continuar sua obra depois de sua partida.

Além disso, o discipulado é importante para a saúde da igreja. Ele ajuda a unir os membros da igreja em torno de um propósito comum e a desenvolver um senso de comunidade. O discipulado também ajuda a identificar e desenvolver líderes dentro da igreja.

O discipulado pode ser feito de muitas maneiras diferentes, dependendo das necessidades e dos recursos da igreja. Algumas formas eficazes de discipulado incluem:

- ensinamento e estudo bíblico em grupo: o estudo bíblico em grupo é uma forma eficaz de ensinar a Palavra de Deus e fornecer um ambiente de apoio para os membros da igreja;

- mentoria pessoal: a mentoria é um tipo de discipulado pessoal onde um cristão mais experiente guia e aconselha outro cristão;

- programas de treinamento: programas de treinamento específicos, como cursos de liderança ou treinamento em evangelismo, podem ajudar a equipar os membros da igreja para o ministério;

- discipulado em pequenos grupos: grupos menores de discipulado, onde os membros da igreja se reúnem regularmente para orar, compartilhar suas lutas e crescer juntos, também são uma forma eficaz de discipulado.

O discipulado é uma responsabilidade crucial da igreja. É por meio do discipulado que os membros da igreja são treinados e equipados para servir a Deus e que a igreja se torna saudável e unida em torno de um propósito comum. Existem muitas formas eficazes de discipulado, incluindo estudos bíblicos em grupo, mentoria pessoal, programas de treinamento e discipulado em pequenos grupos. É importante que as igrejas desenvolvam programas eficazes de discipulado para ajudar seus membros a crescer em sua fé e a cumprir a Grande Comissão.

Espiritualidade na igreja local

A vida espiritual é uma das dimensões mais importantes da vida cristã. Ela se refere à nossa relação com Deus, nossa comunhão com Ele e a forma como cultivamos nossa vida interior. É a partir dessa dimensão que somos fortalecidos, guiados e capacitados para viver uma vida cristã autêntica e frutífera.

A Bíblia ensina que a vida espiritual é vital para o nosso bem-estar e crescimento pessoal e coletivo. O Salmo 42:1–2 diz: "Assim como o cervo anseia por águas correntes, a minha alma anseia por ti, ó Deus. A minha alma tem sede de Deus, do Deus vivo; quando poderei entrar para apresentar-me a Deus?". Esse salmo expressa o desejo profundo de ter comunhão com Deus e estar próximo Dele.

Além disso, Jesus nos ensina sobre a importância da vida espiritual em João 15:5, onde Ele diz: "Eu sou a videira; vocês são os ramos. Se alguém permanecer em mim e eu nele, esse dará muito fruto; pois sem mim vocês não podem fazer coisa alguma". Nessa passagem, Jesus fala sobre a nossa dependência Dele para produzir frutos e viver uma vida abundante.

Para desenvolver uma vida espiritual saudável e frutífera, é importante ter alguns hábitos e práticas. Um deles é a oração. A oração é a forma como nos comunicamos com Deus e apresentamos nossas necessidades e desejos a Ele. Outro hábito importante é a leitura da Bíblia. A Bíblia é a Palavra de Deus e contém todas as instruções necessárias para vivermos uma vida cristã plena.

Outra prática importante é a meditação na Palavra de Deus. A meditação envolve refletir sobre a Bíblia e aplicar seus ensinamentos à nossa vida. Também é importante ter momentos de adoração e louvor, seja individualmente ou em comunidade. O louvor e a adoração nos ajudam a focar Deus e a reconhecer sua grandeza e bondade.

Além dessas práticas, é importante ter um relacionamento de amizade e companheirismo com outros cristãos. Isso nos ajuda a crescer juntos, compartilhar experiências e aprender uns com os outros. O discipulado também é uma forma importante de crescer espiritualmente. Um discipulador experiente pode nos ajudar a compreender melhor a Palavra de Deus e a desenvolver hábitos saudáveis de vida espiritual.

Em resumo, a vida espiritual é uma dimensão essencial da vida cristã. Ela nos ajuda a crescer em comunhão com Deus, a produzir frutos e a viver uma vida abundante. Cultivar hábitos saudáveis, como oração, leitura da Bíblia, meditação, louvor, amizade e discipulado, são formas práticas de desenvolver e manter uma vida espiritual saudável e frutífera.

Vida pessoal de oração e leitura bíblica

A oração e a leitura da Bíblia são práticas fundamentais na vida cristã. É através da oração que estabelecemos uma comunicação direta com Deus, enquanto a leitura da Bíblia nos permite conhecer a vontade do Senhor e nos aproximar dele. No entanto, muitas vezes, essas práticas podem parecer desafiadoras ou até mesmo monótonas, o que pode levar à negligência dessas disciplinas importantes.

Para desenvolver uma vida de oração e leitura da Bíblia, é preciso ter um compromisso sincero com Deus e entender a importância dessas práticas para o nosso crescimento espiritual. A Bíblia nos ensina que a oração é uma forma de buscar a vontade de Deus em nossas vidas, além de ser um momento de comunhão e adoração a Ele. Paulo, em sua carta aos Filipenses, nos incentiva a orar em todo o tempo, sem cessar (Filipenses 4:6). Da mesma forma, a leitura da Bíblia é um meio pelo qual Deus se revela a nós, nos mostra seus planos e nos guia em nossa caminhada cristã.

Para desenvolver uma vida de oração e leitura da Bíblia, é importante estabelecer uma rotina diária. Pode ser útil definir um horário específico para essas práticas e criar um ambiente propício para a concentração e meditação. Além disso, é importante buscar o auxílio do Espírito Santo para entender as Escrituras e nos guiar em nossas orações.

Outra forma de desenvolver uma vida de oração e leitura da Bíblia é buscar a companhia de outros cristãos. O convívio em comunidade pode nos incentivar e nos motivar a manter essas práticas em nossa rotina diária. Além disso, podemos aprender com a experiência e sabedoria de outros cristãos e trocar ideias sobre como desenvolver uma vida de oração e leitura da Bíblia.

Em resumo, a oração e a leitura da Bíblia são práticas essenciais na vida cristã e podem ser desenvolvidas através do compromisso, rotina diária, busca do auxílio do Espírito Santo e convívio em comunidade. Que possamos ter a disposição de buscar a Deus através dessas práticas, a fim de crescermos espiritualmente e nos tornarmos mais semelhantes a Cristo.

A vida espiritual é essencial para o bem-estar e o equilíbrio de qualquer pessoa. Quando se trata de cristãos, a vida espiritual é ainda mais crucial, pois é por meio dela que se tem acesso à comunhão com Deus e ao fortalecimento da fé.

Durante este ensaio, discutimos a importância da vida espiritual e como ela pode ser desenvolvida por meio da oração, da leitura da Bíblia, do discipulado, do evangelismo e da missão na igreja e do envolvimento comunitário. Essas são apenas algumas das práticas que os cristãos podem implementar em suas vidas para desenvolverem uma vida espiritual saudável e produtiva.

A Bíblia é a fonte principal de ensinamentos cristãos e foi citada diversas vezes neste ensaio para enfatizar a importância da vida espiritual. Além disso, os teólogos cristãos, como John Stott, Craig Blomberg e Dietrich Bonhoeffer, ofereceram insights valiosos sobre o tema.

Em suma, é importante que os cristãos se empenhem em desenvolver uma vida espiritual saudável e que utilizem as práticas discutidas neste ensaio para alcançarem esse objetivo. Além disso, é essencial que sejam sempre guiados pela palavra de Deus e que sejam motivados pela fé para crescerem em sua vida espiritual.

MÓDULO VI

SERVIÇO NA IGREJA E NA COMUNIDADE

Bem-vindo ao Módulo VI, dedicado ao estudo aprofundado sobre o "Serviço na igreja e na comunidade". Durante este módulo, exploraremos a significativa importância do serviço tanto dentro da igreja como no contexto mais amplo da comunidade. Você terá a oportunidade de compreender como identificar talentos e habilidades, desenvolver ministérios específicos e capacitar os membros para uma atuação eficaz no serviço cristão.

Ao longo das lições, abordaremos diversas funções na igreja, destacando a essencialidade do trabalho em equipe para o sucesso e o desenvolvimento dos ministérios. Serão apresentados métodos práticos para identificar e cultivar talentos, assim como estratégias para motivar e fortalecer o espírito de equipe. Discutiremos a importância de estabelecer um plano de ação para o desenvolvimento de ministérios, fornecendo insights sobre a criação e implementação de projetos efetivos e bem-sucedidos.

Além disso, exploraremos a relevância de motivar os membros da equipe, capacitando-os para o serviço por meio do fornecimento das ferramentas necessárias para um trabalho de qualidade. Ao concluir este módulo, você terá assimilado conceitos valiosos sobre o serviço na igreja e na comunidade, estando preparado para aplicar esses ensinamentos em sua vida e ministérios. Convidamos você a juntar-se a nós nessa jornada de aprendizado e crescimento no serviço cristão, em busca de uma prática mais significativa e impactante.

Talentos e habilidades no serviço da igreja e da comunidade

No processo de identificação e desenvolvimento de talentos e habilidades para o serviço na igreja e na comunidade, é essencial começar com o reconhecimento da igreja como um corpo vivo, conforme expresso por Paulo em sua carta aos Coríntios: "Assim, há muitos membros, mas um só corpo" (1 Coríntios 12:20). Esse princípio destaca a importância única de cada membro, sublinhando que todos têm um papel vital a desempenhar no corpo da igreja. Nesse contexto, torna-se imperativo que cada indivíduo identifique seus talentos e habilidades, contribuindo assim para o fortalecimento da comunidade eclesiástica.

A identificação de talentos e habilidades inicia-se com a crucial etapa da autoavaliação. Cada pessoa é encorajada a dedicar tempo à reflexão sobre seus interesses, habilidades e experiências, formulando perguntas como: "Quais são meus interesses e paixões? Em que áreas sou habilidoso? Que experiências de vida me capacitaram a servir em áreas específicas?". Esse processo introspectivo é fundamental para o reconhecimento individual das potencialidades que podem ser direcionadas para o serviço cristão.

Além da autoavaliação, os líderes da igreja desempenham um papel vital no processo de identificação de talentos e habilidades. Ao observar e reconhecer os dons de cada membro, os líderes podem orientar os indivíduos na descoberta de áreas específicas onde podem contribuir significativamente. Uma vez identificados os talentos, é crucial elaborar um plano estratégico para sua utilização eficaz, alinhando oportunidades de serviço com as habilidades individuais. Esse alinhamento busca criar uma correspondência ideal entre os dons de cada membro e as necessidades específicas da igreja e da comunidade, fortalecendo assim a missão cristã e impactando positivamente a sociedade. Nesse processo, os líderes da igreja desempenham um papel crucial ao criar oportunidades de serviço, oferecer treinamentos e orientações para capacitar os membros, proporcionando uma experiência de crescimento significativa em suas habilidades e talentos. Em resumo, a identificação e o aproveitamento efetivo de talentos e habilidades constituem um passo fundamental na construção de uma igreja dinâmica e saudável, contribuindo para um impacto positivo e duradouro na comunidade.

Ministério na igreja e na comunidade

A igreja é um lugar onde cada membro deve se envolver em algum ministério, e esses ministérios podem ser desenvolvidos tanto dentro da igreja quanto fora dela. É importante lembrar que o ministério não é somente para os pastores e líderes, mas para todos os membros. Neste ensaio, vamos explorar como desenvolver um ministério na igreja e na comunidade, e como encontrar nosso lugar nesse processo.

Para desenvolver um ministério na igreja e na comunidade, é preciso primeiro identificar nossos talentos e habilidades que podem ser usados para o serviço. A Bíblia nos ensina que todos os membros do corpo de Cristo têm um papel importante a desempenhar (1 Coríntios 12:12–27). Portanto, devemos buscar conhecer nossas habilidades e talentos, para que possamos utilizá-los da melhor forma possível.

Além disso, é importante ter uma visão clara do ministério que queremos desenvolver. Devemos pensar em como podemos servir a Deus e às pessoas, e em que áreas podemos atuar. É importante lembrar que o ministério não se refere a nós mesmos, mas a servir aos outros.

Para desenvolver um ministério efetivo, é necessário trabalhar em equipe e em cooperação com outras pessoas da igreja e da comunidade. É importante buscar aconselhamento e orientação de líderes e pessoas mais experientes, para que possamos aprender com elas e evitar erros desnecessários.

Para encontrar nosso lugar no ministério, é preciso estar atento às necessidades da igreja e da comunidade. Devemos buscar entender quais são as necessidades e onde podemos ser mais úteis. Além disso, é preciso estar aberto e disponível para servir onde for necessário, mesmo que não seja nossa área de interesse ou habilidade. Devemos estar dispostos a aprender e a nos desenvolver em áreas que ainda não dominamos.

Para desenvolver um plano para utilização de nossos talentos e habilidades no ministério, é importante definir objetivos claros e mensuráveis. Devemos pensar em como podemos utilizar nossos talentos e habilidades para alcançar esses objetivos, e em que áreas podemos contribuir para o ministério da igreja e da comunidade.

Além disso, é preciso definir um cronograma e estabelecer prazos para a execução das tarefas. É importante ter um plano realista e flexível, que possa ser ajustado conforme as necessidades surgirem.

Desenvolver um ministério na igreja e na comunidade é uma tarefa importante para todos os membros do corpo de Cristo. Para isso, é necessário identificar nossos talentos e habilidades, ter uma visão clara do ministério que queremos desenvolver, trabalhar em equipe e em cooperação com outras pessoas, estar atento às necessidades da igreja e da comunidade, e desenvolver um plano realista e flexível. Que possamos usar nossos talentos e habilidades para servir a Deus e às pessoas, e contribuir para o crescimento da igreja e da comunidade.

Necessidades da igreja local e da comunidade

A igreja tem o papel de ser um instrumento de mudança na sociedade, levando esperança, amor e transformação. Para cumprir essa missão, é necessário identificar as necessidades da igreja e da comunidade, a fim de desenvolver um plano de ação para o desenvolvimento de ministérios que possam suprir essas demandas.

A primeira etapa para desenvolver um plano de ação para o desenvolvimento de ministérios é a identificação das necessidades da igreja. É importante entender os desafios que a igreja enfrenta, as lacunas existentes em termos de ministérios e o que precisa ser feito para preencher essas lacunas. Essa identificação pode ser feita por meio de pesquisas, reuniões com líderes e membros da igreja e análise das atividades que já são realizadas.

Além de identificar as necessidades da igreja, é importante entender as necessidades da comunidade na qual a igreja está inserida. Essa análise pode ser feita por meio de pesquisas de campo, entrevistas com líderes comunitários e análise das principais demandas da região. Dessa forma, a igreja pode se posicionar de maneira efetiva e desenvolver ministérios que possam suprir essas demandas.

Com as necessidades da igreja e da comunidade identificadas, é possível estruturar um plano de ação para o desenvolvimento de ministérios. Esse plano deve levar em consideração os recursos disponíveis, a capacidade da igreja em atender às demandas e a estratégia mais adequada para cada tipo de ministério. É importante que o plano seja realista e que possa ser executado de maneira efetiva.

Com o plano de ação estruturado, é hora de colocá-lo em prática e desenvolver os ministérios necessários para suprir as demandas identificadas. É importante que esses ministérios sejam liderados por pessoas capacitadas e que tenham o compromisso de servir à igreja e à comunidade. A formação de equipes de trabalho é fundamental para garantir que os ministérios sejam efetivos e que possam impactar positivamente a vida das pessoas.

Desenvolver um plano de ação para o desenvolvimento de ministérios é fundamental para que a igreja possa cumprir a sua missão de levar esperança, amor e transformação à comunidade. Identificar as necessidades da igreja e da comunidade, estruturar um plano de ação e desenvolver ministérios efetivos são etapas importantes para que a igreja possa se posicionar de maneira efetiva e impactar positivamente a vida das pessoas.

Outro aspecto importante é a flexibilidade para mudanças e adaptações no plano de ação. À medida que a igreja e a comunidade evoluem, é essencial que os ministérios acompanhem as mudanças e se adaptem às novas necessidades. Uma liderança aberta a novas ideias e capaz de fazer ajustes no plano de ação é fundamental para o sucesso dos ministérios.

Em suma, identificar as necessidades da igreja e da comunidade é um passo importante para o desenvolvimento de ministérios eficazes. Com base nessas necessidades, é possível estruturar um plano de ação que envolva a liderança, a comunidade e os membros da igreja. O trabalho em equipe e a flexibilidade para mudanças são elementos fundamentais para a implementação bem-sucedida de um plano de ministério.

Capacitar membros da igreja para o serviço do Rei

A igreja é composta por pessoas que foram chamadas por Deus para cumprir uma missão na terra. Essa missão envolve servir a Deus e aos outros, compartilhar o evangelho e contribuir para o Reino de Deus. Para cumprir essa missão, é necessário que os membros da igreja estejam preparados e capacitados para o serviço.

O objetivo deste ensaio é explorar a importância de capacitar os membros da igreja para o serviço e como desenvolver programas de treinamento e capacitação para esse fim.

A capacitação dos membros da igreja para o serviço é fundamental para o cumprimento da missão da igreja. É importante que os membros da igreja estejam preparados e equipados para servir a Deus e aos outros de forma eficaz e competente.

A Bíblia enfatiza a importância da capacitação para o serviço. Em Efésios 4:11-12, lemos: "E ele mesmo concedeu uns para apóstolos, outros para profetas, outros para evangelistas e outros para pastores e mestres, com vistas ao aperfeiçoamento dos santos para o desempenho do seu serviço, para a edificação do corpo de Cristo" (Bíblia Sagrada, Nova Versão Internacional).

Essa passagem enfatiza que Deus concedeu dons e ministérios para a capacitação dos santos para o serviço e para a edificação do corpo de Cristo. É importante que a igreja identifique esses dons e ministérios e os utilize para capacitar os membros da igreja para o serviço.

Para desenvolver programas de treinamento e capacitação, é necessário identificar as necessidades da igreja e dos membros da igreja. Isso pode ser feito por meio de pesquisas, questionários e conversas com os membros da igreja.

Com base nas necessidades identificadas, a igreja pode desenvolver programas de treinamento e capacitação que atendam às necessidades dos membros da igreja. Esses programas podem incluir treinamentos em áreas como liderança, evangelismo, discipulado, aconselhamento, entre outras.

A igreja também pode utilizar recursos externos, como livros, seminários e cursos, para capacitar os membros da igreja. É importante que esses recursos sejam selecionados com cuidado, levando em consideração as necessidades da igreja e a doutrina bíblica.

A capacitação dos membros da igreja para o serviço é fundamental para o cumprimento da missão da igreja. É importante que a igreja identifique as necessidades dos membros da igreja e desenvolva programas de treinamento e capacitação para atender a essas necessidades.

Como cristãos, somos chamados a servir a Deus e aos outros de forma eficaz e competente. Ao capacitar os membros da igreja para o serviço, estamos contribuindo para a edificação do corpo de Cristo e para o Reino de Deus.

Diferentes funções na igreja

A igreja é um organismo vivo, composto por diversos membros que possuem habilidades, talentos e dons únicos. A identificação dessas habilidades e a atribuição de funções específicas aos membros é essencial para o bom funcionamento da igreja. Neste ensaio, discutiremos a importância da identificação das diferentes funções na igreja e como essa prática pode ser implementada.

A importância da identificação das diferentes funções na igreja

A identificação das diferentes funções na igreja é importante por diversos motivos. Primeiramente, a atribuição de funções específicas aos membros permite que a igreja funcione de forma eficiente e eficaz. Quando cada membro sabe qual é o seu papel na igreja e exerce suas funções com excelência; a igreja como um todo é fortalecida e pode cumprir sua missão de forma mais efetiva.

Além disso, a identificação das diferentes funções na igreja permite que os membros se sintam mais conectados e engajados com a comunidade. Quando um membro é convidado a exercer uma função específica na igreja, isso demonstra que sua contribuição é valorizada e que ele é visto como uma peça importante na comunidade. Essa sensação de pertencimento e engajamento é essencial para o crescimento e a saúde da igreja.

Por fim, a identificação das diferentes funções na igreja permite que os membros desenvolvam seus dons e talentos. Quando um membro é atribuído a uma função específica que está alinhada com seus dons e talentos, ele tem a oportunidade de desenvolver ainda mais essas habilidades e usá-las em prol da igreja e da comunidade.

Existem diversas formas de identificar as diferentes funções na igreja. A seguir, listamos algumas sugestões:

- observação: o líder da igreja pode observar os membros durante as atividades da igreja e identificar quais são suas habilidades e dons;

- autoavaliação: os membros podem preencher uma avaliação de habilidades e dons, que pode ser utilizada pelo líder da igreja para atribuir funções específicas;

- feedback dos membros: o líder da igreja pode pedir feedback aos membros sobre suas habilidades e dons, e utilizar essas informações para atribuir funções específicas.

Após identificar as diferentes funções na igreja, é importante desenvolver um plano de ação para atribuir funções específicas aos membros. Esse plano deve levar em consideração as habilidades e dons dos membros, bem como as necessidades da igreja e da comunidade.

Uma vez que as funções tenham sido atribuídas, é importante fornecer treinamento e capacitação aos membros para que eles possam exercer suas funções com excelência. Esses programas de treinamento podem incluir workshops, treinamentos *on-line*, mentorias, entre outras atividades.

A identificação das diferentes funções na igreja é essencial para o bom funcionamento da comunidade e para o desenvolvimento dos membros. Quando cada membro exerce suas funções com excelência a igreja cresce.

A igreja é um corpo vivo, composto por membros que exercem diferentes funções. Cada um desses membros é importante para o bom funcionamento do corpo, e todos devem trabalhar juntos em harmonia para cumprir a missão da igreja. A identificação das diferentes funções na igreja é crucial para que cada membro possa desenvolver seus dons e talentos de maneira apropriada e contribuir de forma efetiva para o ministério.

A Bíblia nos ensina sobre a importância da diversidade de dons e ministérios na igreja. Em 1 Coríntios 12:4–6, lemos: "Há diversidade de dons, mas o Espírito é o mesmo. Há diversidade de ministérios, mas o Senhor é o mesmo. Há diversidade de operações, mas é o mesmo Deus que opera tudo em todos". Esses versículos mostram que os dons e ministérios são dados pelo Espírito Santo e devem ser usados em conjunto para edificar o corpo de Cristo.

Para identificar as diferentes funções na igreja, é importante que os líderes realizem uma análise das necessidades do ministério e dos talentos e habilidades dos membros. Alguns membros podem ter dons para ensinar, enquanto outros podem ter habilidades em música ou administração. É importante que os líderes estejam atentos a esses dons e habilidades e criem oportunidades para que os membros possam exercê-los de maneira efetiva.

Além disso, é fundamental que a igreja invista em programas de capacitação e treinamento para seus membros. Esses programas podem incluir cursos de estudo bíblico, seminários de liderança, treinamento em habilidades práticas, entre outros. Ao investir em seus membros, a igreja os capacita para exercerem suas funções com excelência e, consequentemente, fortalece todo o corpo.

Em Efésios 4:11-13, Paulo nos ensina que os líderes da igreja são chamados para "aperfeiçoar os santos para a obra do ministério, para a edificação do corpo de Cristo". Isso significa que é papel dos líderes capacitar os membros para exercerem suas funções e desenvolverem seus dons e habilidades para servirem de maneira efetiva na igreja.

Portanto, a identificação das diferentes funções na igreja é um passo fundamental para o desenvolvimento do ministério. Ao investir nos membros e capacitá-los para exercerem suas funções com excelência, a igreja fortalece seu corpo e cumpre sua missão de proclamar o evangelho de Cristo ao mundo.

Trabalho em equipe na igreja local

Trabalho em equipe é uma habilidade importante em todos os aspectos da vida, incluindo na igreja. O trabalho em equipe pode ajudar a igreja a alcançar seus objetivos de forma mais eficaz, pois envolve a união de habilidades e talentos diversos para cumprir uma tarefa específica. Além disso, trabalhar em equipe na igreja também pode ajudar a promover a unidade e o amor entre os membros, além de ajudar no crescimento espiritual individual e coletivo. Neste ensaio, discutiremos a importância do trabalho em equipe na igreja e como desenvolver equipes eficazes para o desempenho das funções.

A Bíblia nos ensina que trabalhar em equipe é importante para a realização dos propósitos de Deus. Em 1 Coríntios 12:12-27, Paulo compara a igreja com o corpo humano, afirmando que cada parte do corpo é importante e necessária para o bom funcionamento do todo. Ele afirma que assim como o corpo é formado por muitos membros, a igreja também é formada por muitos membros, e que cada um tem um papel importante a desempenhar.

Outro versículo que enfatiza a importância do trabalho em equipe é Provérbios 27:17: "Como o ferro com ferro se aguça, assim o homem afia o rosto do seu amigo". Isso significa que, assim como o ferro precisa de outro ferro para ser afiado, os membros da igreja precisam uns dos outros para se tornarem mais afiados espiritualmente e cumprirem a vontade de Deus.

Além disso, a Bíblia também nos ensina que a unidade é importante para a igreja. Em Efésios 4:1–6, Paulo exorta os cristãos a viverem de acordo com a sua vocação, com toda humildade e mansidão, suportando-se uns aos outros em amor e se esforçando para preservar a unidade do Espírito por meio do vínculo da paz.

Para desenvolver equipes eficazes na igreja, é importante seguir alguns passos. Em primeiro lugar, é importante identificar as necessidades da igreja e as funções que precisam ser desempenhadas. Em seguida, é preciso identificar os membros da igreja que possuem as habilidades e talentos necessários para desempenhar essas funções. Depois disso, é preciso formar equipes com membros que possuem habilidades complementares e que possam trabalhar juntos de forma harmoniosa.

Uma equipe eficaz na igreja deve ter um líder que possa orientar, motivar e inspirar os membros a trabalharem juntos para alcançar um objetivo comum. O líder deve ser alguém que tenha habilidades de comunicação, liderança e tomada de decisões, além de ser alguém que possa incentivar e dar feedback construtivo para a equipe.

Por fim, é importante estabelecer um plano de ação claro para a equipe, com metas específicas, prazos e responsabilidades definidas para cada membro. É importante também fornecer treinamento e capacitação aos membros da equipe.

As equipes são fundamentais para o bom funcionamento da igreja e para o desempenho eficaz das funções e ministérios. A Bíblia nos ensina que somos um só corpo em Cristo, e que cada membro tem uma função específica a desempenhar (1 Coríntios 12:12–27).

Assim, o trabalho em equipe na igreja é fundamental para que as diversas funções sejam desempenhadas com excelência e eficácia. É importante que cada membro da equipe saiba sua função e esteja comprometido com a visão e missão da igreja.

Para desenvolver equipes eficazes, é necessário investir em capacitação, treinamento e desenvolvimento de liderança. Além disso, é importante ter uma boa comunicação, estabelecer metas claras e incentivar o trabalho em conjunto.

Jesus Cristo é o nosso maior exemplo de liderança e trabalho em equipe. Ele formou uma equipe de discípulos e os capacitou para cumprir a missão que Ele lhes confiou. O apóstolo Paulo também enfatiza a importância do trabalho em equipe na igreja em suas epístolas (Filipenses 2:1-4; Colossenses 3:12-17).

Portanto, desenvolver equipes eficazes é fundamental para o desempenho das funções e ministérios na igreja. Investir em capacitação, treinamento e liderança é essencial para o sucesso da equipe. O trabalho em equipe é uma expressão prática da unidade em Cristo e ajuda a alcançar os objetivos da igreja de forma eficaz e com excelência.

Programas de motivação

O trabalho em equipe é fundamental para o sucesso de qualquer projeto, incluindo aqueles desenvolvidos na igreja. É importante que os membros da equipe estejam motivados e unidos em torno de um propósito comum, a fim de alcançarem juntos os objetivos estabelecidos. Neste ensaio, iremos abordar a importância do desenvolvimento de programas de motivação e união da equipe na igreja.

O trabalho em equipe é uma das principais formas de se alcançar resultados positivos na igreja. Quando os membros da equipe trabalham juntos, cada um contribuindo com suas habilidades e conhecimentos, o trabalho se torna mais eficiente e eficaz. Além disso, o trabalho em equipe promove o desenvolvimento de relacionamentos saudáveis e a união entre os membros da igreja.

Versículos bíblicos sobre trabalho em equipe:

"Porque assim como em um só corpo temos muitos membros, e nem todos os membros têm a mesma função, assim nós, embora muitos, somos um só corpo em Cristo, e individualmente uns dos outros." (Romanos 12:4-5)

"Porque onde estiverem dois ou três reunidos em meu nome, aí estou eu no meio deles." (Mateus 18:20)

Para desenvolver programas de motivação e união da equipe, é importante que sejam realizadas atividades que promovam o desenvolvimento de relacionamentos saudáveis e a união entre os membros da igreja. Algumas sugestões de atividades são:

- retiros espirituais: momentos de reflexão e comunhão, em que os membros da equipe podem se desconectar das preocupações do dia a dia e se concentrar na espiritualidade e na união do grupo;

- dinâmicas em grupo: atividades lúdicas que promovem o trabalho em equipe, a comunicação e a resolução de problemas em conjunto;

- celebrações e eventos: momentos de alegria e celebração em que os membros da equipe podem se reunir para compartilhar conquistas e reconhecer o trabalho de cada um;

- programas de capacitação: cursos e treinamentos que visam aprimorar as habilidades e conhecimentos dos membros da equipe, contribuindo para o desenvolvimento do trabalho em equipe.

Teólogos cristãos, como John Stott e Rick Warren, destacam a importância do trabalho em equipe na igreja, enfatizando a ideia de que a comunidade eclesiástica é composta por pessoas que colaboram em harmonia e amor, unidas por sua fé em Cristo. Afirmam que a força da união se manifesta na capacidade de alcançar objetivos mais significativos quando os esforços são combinados. Reconhecem que, para o sucesso dos projetos desenvolvidos na igreja, é imperativo que os membros da equipe estejam motivados e alinhados com um propósito comum. Dessa forma, a criação de programas que fomentem a motivação e a coesão da equipe torna-se essencial para fortalecer a comunidade e promover o crescimento espiritual dos membros. A compreensão de que a equipe na igreja desempenha funções diversas em prol do bem comum destaca a importância fundamental da colaboração para atingir os objetivos da comunidade cristã e promover o crescimento espiritual individual.

A motivação e união da equipe podem ser alcançadas através de programas que valorizem e reconheçam o trabalho de cada membro, promovendo o senso de pertencimento e de importância na realização dos objetivos. Além disso, é importante que sejam criados espaços de comunhão e confraternização, para que os membros possam conhecer uns aos outros e estreitar laços de amizade e companheirismo.

A Bíblia nos ensina que devemos amar uns aos outros como a nós mesmos e que devemos nos esforçar para viver em harmonia com os nossos irmãos e irmãs em Cristo. O apóstolo Paulo, em sua carta aos Romanos, exorta os cristãos a "viverem em harmonia uns com os outros, conforme Cristo Jesus também viveu em harmonia com cada um de vocês" (Romanos 15:5). Jesus Cristo também enfatizou a importância da união entre os membros da igreja, quando disse: "Porque onde estiverem dois ou três reunidos em meu nome, ali eu estou no meio deles" (Mateus 18:20).

Para o desenvolvimento de programas de motivação e união da equipe na igreja, é importante buscar orientação em teólogos cristãos e líderes experientes. Uma obra recomendada é *Equipes que transformam: criando e mantendo equipes de alto desempenho*, de Jon R. Katzenbach e Douglas K. Smith, que apresenta ideias práticas para a formação de equipes bem-sucedidas.

Em conclusão, a motivação e união da equipe na igreja são fundamentais para o fortalecimento da comunidade e para o crescimento espiritual dos seus membros. É necessário desenvolver programas que valorizem e reconheçam o trabalho de cada membro, promovendo o senso de pertencimento e de importância na realização dos objetivos. A busca por orientação em teólogos cristãos e líderes experientes pode trazer insights valiosos para a criação de equipes bem-sucedidas.

MÓDULO VII

VIDA DEVOCIONAL

No decorrer deste módulo, dedicaremos nosso tempo ao estudo aprofundado sobre "Oração e vida devocional". Aqui, você terá a oportunidade de aprofundar sua prática de oração e nutrir sua espiritualidade pessoal. Abordaremos a relevância do culto e da adoração na vida da igreja e de seus membros, destacando aspectos como liderança durante o culto, planejamento e execução de serviços, música e a interligação entre o culto e a rotina diária. Além disso, exploraremos diversas formas de oração, aprofundando a compreensão sobre sua importância na vida cristã e fornecendo ferramentas para torná-la uma prática diária consistente. Este módulo oferecerá insights sobre como desenvolver uma vida devocional mais rica e significativa, proporcionando maneiras de se conectar mais profundamente com Deus e promovendo o crescimento espiritual. Também discutiremos como a oração e a vida devocional podem se tornar aliadas poderosas para enfrentar desafios e superar momentos difíceis na jornada da vida. Ao final deste módulo, você estará capacitado a aplicar o conhecimento adquirido em sua vida devocional e na sua relação com Deus, fortalecendo sua espiritualidade e aprofundando sua fé. Convidamos você a se juntar a nós nessa jornada de aprendizado e crescimento na oração e na vida devocional.

Oração e vida devocional

A oração e a vida devocional são temas fundamentais para a vida espiritual do cristão. Através da oração, o indivíduo se comunica com Deus, expressa seus anseios, pedidos e gratidão, enquanto a vida devocional é um conjunto de práticas que visam nutrir a vida espiritual do crente, tais como leitura da Bíblia, meditação, louvor e adoração.

A oração e a vida devocional são importantes porque nos permitem desenvolver um relacionamento íntimo com Deus, buscando conhecê-lo melhor e compreender a sua vontade para nossas vidas. Além disso, a oração e a vida devocional nos ajudam a manter a nossa fé fortalecida, a perseverar nas dificuldades e a enfrentar os desafios do dia a dia.

A Bíblia nos ensina a importância da oração e da vida devocional em diversas passagens. Em Filipenses 4:6–7, por exemplo, lemos: "Não se preocupem com nada, mas em todas as orações peçam a Deus o que vocês precisam e orem sempre com o coração agradecido. E a paz de Deus, que ninguém consegue entender, guardará o coração e a mente de vocês, pois vocês estão unidos com Cristo Jesus".

Já em Colossenses 3:16, encontramos a exortação: "Que a mensagem de Cristo, com toda a sua riqueza, viva no coração de vocês! Ensinem e instruam uns aos outros com toda a sabedoria. Cantem salmos, hinos e canções espirituais; louvem a Deus, com gratidão no coração".

Além das Escrituras, diversos teólogos cristãos destacaram a importância da oração e da vida devocional em suas obras. Um exemplo é Andrew Murray (2003, p. 75), autor de *Vida de oração*, que afirmou: "O homem que se dedica à oração não pode ser um homem qualquer. Ele precisa ser um homem de grande coração, forte e firme em sua fé, com uma consciência bem formada e uma vida santificada".

Outro exemplo é A. W. Tozer (2015, p. 55), que escreveu em *A busca do homem por Deus* "Nós precisamos mais de Deus do que de oxigênio ou de comida. A oração é a nossa respiração espiritual, nossa alimentação espiritual. É através da oração que nos conectamos com Deus e recebemos dele a força e a sabedoria de que precisamos para viver uma vida plena e abundante".

Em conclusão, a oração e a vida devocional são fundamentais para a vida espiritual do cristão, pois nos permitem desenvolver um relacionamento íntimo com Deus, manter a nossa fé fortalecida e enfrentar os desafios do dia a dia. Através das Escrituras e das obras de teólogos cristãos, podemos compreender a importância dessas práticas e buscar desenvolvê-las em nossas vidas.

Vida de oração eficaz

A oração é uma das práticas mais importantes da vida cristã e é fundamental para a comunhão com Deus. No entanto, muitas vezes, a oração pode se tornar uma atividade mecânica e superficial em vez de um relacionamento íntimo com o Pai celestial. Como, então, desenvolver uma vida de oração eficaz? Neste ensaio, vamos explorar algumas práticas e princípios bíblicos que podem ajudar a aprimorar a vida de oração.

A oração deve ser uma prioridade em nossa vida diária. Jesus deu o exemplo de oração regular em sua própria vida terrena (Lucas 5:16) e também enfatizou a importância da oração em seus ensinamentos (Mateus 6:5–13). A Bíblia nos encoraja a "orar sem cessar" (1 Tessalonicenses 5:17) e a buscar a Deus em oração em todas as situações (Filipenses 4:6–7).

Escolha um lugar de oração

Escolher um lugar específico para oração pode ajudar a criar um ambiente propício para a comunicação com Deus. Jesus frequentemente se retirava para lugares tranquilos para orar (Mateus 14:23, Marcos 1:35) e a Bíblia também nos incentiva a orar em lugares privados (Mateus 6:6).

Seja específico em suas orações

A Bíblia nos encoraja a ser específicos em nossas orações e a compartilhar com Deus nossas necessidades e pedidos (Filipenses 4:6–7). No entanto, também é importante lembrar que a oração não deve ser vista apenas como uma lista de pedidos a serem atendidos, mas sim como uma oportunidade para aprofundar o relacionamento com Deus.

Pratique a oração em grupo

A oração em grupo é uma forma poderosa de se conectar com Deus e com outros crentes. A Bíblia nos encoraja a orar uns pelos outros (Tiago 5:16) e a reunir-nos em nome de Jesus (Mateus 18:20). A oração em grupo também pode ajudar a cultivar um senso de comunidade e a encorajar uns aos outros na fé.

Persevere em oração

A oração eficaz requer perseverança e persistência. Jesus contou a parábola do amigo importuno para ilustrar a importância de persistir em oração (Lucas 11:5-13) e Paulo nos encoraja a "perseverar na oração" (Romanos 12:12). É importante lembrar que nem sempre as respostas às nossas orações serão imediatas ou da maneira que esperamos, mas Deus sempre ouve e responde de acordo com sua vontade e propósito.

Em suma, desenvolver uma vida de oração eficaz exige disciplina, persistência e um coração aberto para a conexão com Deus. Ao priorizarmos a oração, escolhermos um local dedicado, formularmos petições específicas, praticarmos a oração em grupo e perseverarmos, podemos cultivar uma vida de oração mais significativa. Conforme afirmado pelo teólogo batista E. M. Bounds (2008, p. 13), "A oração é a atividade mais sublime e nobre que o homem pode exercer. É o contato com o Infinito". Estabelecer disciplinas, como enfatizado por Don Whitney, é essencial para manter uma comunicação constante com Deus e promover o crescimento espiritual. Além disso, a oração não deve ser reduzida a uma lista de pedidos; a abordagem contemplativa, destacada por Richard Foster, permite um diálogo íntimo com Deus. O estudo da Bíblia, conforme indicado por John Piper, complementa a oração, proporcionando compreensão da vontade divina. Por fim, um coração humilde e contrito, reconhecendo a submissão à vontade de Deus, conforme expresso por A. W. Tozer, é fundamental para permitir que Deus trabalhe em nossas vidas e nos conduza à plenitude espiritual.

Diferentes tipos de oração

Diversos tipos de oração, como adoração, ação de graças, confissão e petição, constituem elementos fundamentais na prática da vida cristã. A oração, entendida como uma conexão direta com Deus, oferece uma valiosa oportunidade para expressar louvor, gratidão, confissões e solicitações a Ele. Nesse contexto, a distinção entre esses tipos de oração destaca-se como uma parte integral da experiência espiritual de um cristão, proporcionando uma base sólida para sua jornada de fé. Portanto, destacamos quatro tipos principais de oração, cada um desempenhando um papel significativo na comunicação com Deus.

O primeiro é a adoração, uma expressão profunda do reconhecimento da grandeza, majestade e santidade de Deus. A adoração vai além de simples palavras; é uma demonstração de amor, gratidão e humildade diante do Criador. Como destaca o Salmo 29:2, "Dai ao Senhor a glória devida ao seu nome; adorai o Senhor na beleza da santidade". Esse tipo de oração estabelece uma conexão direta com Deus, sem pedidos ou confissões, concentrando-se exclusivamente na reverência e na relação espiritual.

O segundo tipo de oração é a ação de graças, uma expressão sincera de gratidão pelas inúmeras bênçãos recebidas de Deus. Conforme instruído em 1 Tessalonicenses 5:18, "Em tudo dai graças, porque esta é a vontade de Deus em Cristo Jesus para convosco". A ação de graças reconhece que todas as dádivas provêm de Deus, destacando a importância de cultivar uma atitude constante de gratidão em todas as circunstâncias.

A confissão, o terceiro tipo de oração, desempenha o papel de admitir nossas falhas e buscar perdão divino. Conforme afirma 1 João 1:9, "Se confessarmos os nossos pecados, ele é fiel e justo para nos perdoar os pecados e nos purificar de toda injustiça". A confissão é uma prática humilde que busca a reconciliação com Deus, permitindo-nos reconhecer nossos erros e buscar a purificação espiritual.

Por fim, a petição é o quarto tipo de oração, envolvendo a apresentação de nossas necessidades diante de Deus. Filipenses 4:6 instrui: "Não andeis ansiosos por coisa alguma; antes em tudo sejam os vossos pedidos conhecidos diante de Deus pela oração e súplica com ações de graças". A petição reflete nossa dependência de Deus e a busca por Sua orientação e provisão em todas as áreas da vida.

Cada tipo de oração desempenha um papel único na jornada espiritual, promovendo uma comunicação rica e equilibrada com o divino.

Na teologia batista, a oração é vista como uma das práticas essenciais da vida cristã. O teólogo batista Charles Spurgeon (1990, p. 25) dizia que "a oração é a corda que liga o homem ao trono de Deus". A oração é uma forma de se conectar diretamente com Deus, de buscar sua vontade e sua ajuda em todas as áreas da vida.

Em resumo, a oração é um elemento crucial e multifacetado na vida cristã, representando uma forma essencial de comunicação com Deus.

Diferentes tipos de oração, como adoração, ação de graças, confissão e petição, desempenham papéis distintos na prática da fé cristã, conforme destacado por diversos trechos bíblicos. A orientação bíblica nos insta a orar sem cessar, buscando uma comunicação constante e pessoal com Deus. Portanto, é imperativo que os cristãos cultivem a prática contínua da oração em suas vidas, reconhecendo a importância de cada tipo de oração, a fim de fortalecer a intimidade com Deus e experimentar sua graça e amor ao longo da jornada cristã.

Orar pelos outros

A oração é uma prática fundamental na vida cristã, que nos aproxima de Deus e nos permite interceder pelos outros. Orar pelos outros é um ato de amor e solidariedade, que demonstra nossa preocupação com o bem-estar espiritual e físico daqueles que nos cercam. Neste ensaio, exploraremos como podemos orar pelos outros de maneira eficaz e significativa, com base nas Escrituras e no pensamento de teólogos batistas.

Ao orar pelos outros, muitas vezes não sabemos o que pedir ou como pedir. No entanto, a Bíblia nos incentiva a orar pelos outros, como podemos ver em 1 Timóteo 2:1: "Antes de tudo, pois, exorto que se use a prática de súplicas, orações, intercessões, ações de graças, em favor de todos os homens". Devemos, portanto, cultivar uma vida de oração em que incluímos os outros em nossas petições diárias.

Para orar pelos outros de maneira eficaz, é importante que conheçamos as necessidades específicas de cada pessoa e que sejamos sensíveis ao Espírito Santo. Podemos pedir orientação divina em nossas orações, como diz em Romanos 8:26: "Do mesmo modo, o Espírito nos ajuda em nossa fraqueza, pois não sabemos como orar como convém, mas o próprio Espírito intercede por nós com gemidos inexprimíveis".

Além disso, devemos orar com fé, confiando que Deus ouvirá e responderá às nossas orações, como está escrito em Tiago 5:16: "A oração de um justo é poderosa e eficaz". Também é importante que nossas orações sejam humildes e sinceras, reconhecendo que somos todos necessitados da graça e da misericórdia de Deus.

No pensamento de teólogos batistas, podemos encontrar uma abordagem mais detalhada sobre a oração pelos outros. Para George Beasley-

-Murray, a oração pelos outros é uma expressão do amor cristão, que nos leva a interceder pelos outros em todas as áreas da vida, incluindo saúde, finanças, relacionamentos e ministério. Ele enfatiza a importância de orar de acordo com a vontade de Deus, lembrando que nem sempre sabemos o que é melhor para a pessoa em questão.

Já para John Piper, a oração pelos outros deve ser guiada pelo desejo de ver a glória de Deus revelada na vida de cada pessoa. Ele argumenta que devemos orar por coisas que glorificam a Deus e que nos aproximam Dele, em vez de simplesmente pedir por coisas que satisfazem nossos desejos pessoais.

Orar pelos outros é uma prática importante na vida cristã, que nos aproxima de Deus e nos permite interceder pelos outros. Devemos cultivar uma vida de oração em que incluímos as necessidades dos outros em nossas petições diárias, buscando orientação do Espírito Santo e confiando na resposta de Deus. Os teólogos batistas nos incentivam a orar com amor e humildade.

Vida devocional

A vida devocional é uma prática fundamental para todo cristão que deseja crescer espiritualmente e desenvolver um relacionamento mais íntimo com Deus. Através da oração, meditação na Palavra de Deus e outras práticas devocionais, é possível se aproximar do Criador e ser transformado por Sua graça.

Diversos teólogos batistas têm se dedicado a estudar e ensinar sobre a importância da vida devocional. Richard Foster, por exemplo, em seu livro *Celebração da disciplina*, apresenta 12 práticas espirituais que podem ajudar na busca por uma vida mais devocional, tais como oração, meditação, jejum, estudo da Bíblia, adoração, entre outras.

Já Oswald Chambers, em *My utmost for his highest*, destaca a importância da rendição total a Deus e do abandono de nossas próprias vontades para que possamos viver de acordo com a vontade Dele. Chambers também destaca a importância da oração e do estudo bíblico em nossa vida devocional.

Outro teólogo batista que enfatiza a importância da vida devocional é A. W. Tozer. Em *A busca de Deus*, ele argumenta que a busca pela presença de Deus deve ser a prioridade máxima do cristão, e que isso só é possível através da oração, meditação e adoração. Ele também destaca a importância da humildade e da entrega total a Deus em nossa vida devocional.

Além desses teólogos, existem muitos outros que têm contribuído para o ensino e a prática da vida devocional na tradição batista e cristã em geral.

Portanto, para desenvolver uma vida devocional rica e frutífera, é importante buscar o conhecimento e o ensino de teólogos experientes, bem como praticar as disciplinas espirituais que nos aproximam de Deus. Com perseverança e dedicação, podemos experimentar a alegria e a paz que vêm da comunhão com o Criador.

Vida devocional diária

Desenvolver uma vida devocional diária é essencial para o crescimento espiritual de todo cristão, constituindo um período dedicado à oração, leitura da Bíblia, meditação nas Escrituras e louvor a Deus. Essas práticas fortalecem a fé e a conexão com o Pai celestial. Nesse contexto, exploraremos estratégias com base nas contribuições de teólogos batistas para a vida cristã, buscando enriquecer essa jornada espiritual.

Um dos princípios destacados por C. H. Spurgeon (1990, p. 37), renomado teólogo batista, é a importância de estabelecer um horário regular para a vida devocional. Ele enfatizou que "é melhor ler a Bíblia inteira em um ano, do que ler somente um trecho dela de vez em quando". Assim, a definição de um horário fixo para a leitura da Bíblia e outras práticas devocionais se revela crucial, transformando-as em hábitos integrados à rotina diária do indivíduo.

Plano de leitura bíblica

Muitos teólogos batistas recomendam o uso do plano de leitura bíblica para a vida devocional diária. Isso ajuda a manter o foco e a organização na leitura das Escrituras, além de permitir a leitura completa da Bíblia em um período determinado. O teólogo J. Sidlow Baxter (2005, p. 50) afirmou que "ler a Bíblia sem um plano é como navegar sem uma bússola".

Faça anotações e medite nas Escrituras

O teólogo batista Andrew Murray (2003, p. 23) destacou a importância da meditação nas Escrituras para a vida devocional diária. Ele afirmou que "a meditação é a chave que abre a porta da Palavra de Deus para a alma". Para isso, é importante fazer anotações durante a leitura da Bíblia e refletir sobre as passagens lidas, buscando aplicá-las à vida pessoal.

Pratique a oração

A oração é uma prática essencial para a vida devocional diária. O teólogo batista E. M. Bounds (2008, p. 31) afirmou que "a oração é o oxigênio da alma". É importante reservar um tempo diário para a oração, intercedendo por si mesmo, por sua família, amigos e por outras necessidades. Além disso, é importante estar aberto à voz de Deus durante a oração, buscando ouvi-lo e obedecê-lo em todas as áreas da vida.

A vida devocional diária é fundamental para o desenvolvimento espiritual do cristão. Para isso, é importante estabelecer um horário regular, usar um plano de leitura bíblica, fazer anotações e meditar nas Escrituras, além de praticar a oração. Essas estratégias, baseadas nas contribuições de teólogos batistas, ajudam a fortalecer a fé e a crescer em intimidade com Deus.

Para o desenvolvimento de uma vida devocional diária, é necessário cultivar o hábito da oração, leitura bíblica e meditação. Gregory Boyd (2009, p. 16), teólogo batista, destaca que é preciso ter uma "intimidade com Deus que é enriquecida através de uma vida devocional constante".

Para isso, é importante estabelecer um horário regular para o momento devocional, escolher um local tranquilo e livre de distrações, ter uma Bíblia de estudo e um caderno para anotações. Além disso, é necessário ter disciplina para manter o compromisso com Deus e não deixar que as preocupações cotidianas ocupem o lugar da busca espiritual.

Outra sugestão é utilizar materiais devocionais, como livros de oração, devocionais diários, além de podcasts e vídeos que tratem de temas espirituais. A leitura de outras obras cristãs também pode ser enriquecedora para o desenvolvimento da vida devocional.

Em resumo, para desenvolver uma vida devocional diária é preciso ter disciplina, estabelecer um horário e local fixos, ter uma Bíblia de estudo e um caderno de anotações, utilizar materiais devocionais e buscar a intimidade com Deus através da oração e meditação na Palavra.

Leitura bíblica e estudo pessoal

A leitura bíblica e o estudo pessoal são fundamentais para o crescimento espiritual do cristão. É por meio da Palavra de Deus que podemos conhecer a vontade de Deus para nossas vidas e receber direção e sabedoria em nossas decisões.

Para desenvolver uma vida de leitura e estudo bíblico eficaz, é importante ter disciplina e dedicação. Além disso, é preciso buscar recursos que possam ajudar na compreensão e interpretação das Escrituras.

Dentre os recursos disponíveis para aprofundar o entendimento da Bíblia, destacam-se os comentários bíblicos, dicionários teológicos, livros de estudo e manuais de orientação. Teólogos batistas de renome, como John MacArthur com a série *Comentário bíblico MacArthur*, Warren W. Wiersbe com a série *Comentário expositivo de Warren W. Wiersbe*, Charles H. Spurgeon com o livro *Toda a Bíblia em um ano* e F. F. Bruce com o livro *A história do Novo Testamento*, têm oferecido valiosas contribuições. Além desses recursos, é crucial reservar um tempo diário para a leitura e estudo da Bíblia, buscando a orientação do Espírito Santo para compreender as verdades divinas e aplicá-las significativamente em nossas vidas.

Meditação e reflexão

A prática da meditação e da reflexão é fundamental para o crescimento espiritual e aprofundamento da fé cristã. Através dessas disciplinas, é possível adquirir uma maior compreensão dos ensinamentos bíblicos e aplicá-los em nossa vida cotidiana.

Segundo o teólogo batista Richard Foster, em seu livro *Celebrando a disciplina da oração*, a meditação é a prática de concentrar a mente e o coração em Deus. Ela nos ajuda a nos desligarmos das distrações do mundo e a nos concentrarmos no Espírito Santo. Já a reflexão é o processo de pensar profundamente sobre as verdades bíblicas e aplicá-las à nossa vida diária.

Outro teólogo batista, A. W. Tozer (2015, p. 56), em seu livro *A busca do homem por Deus*, destaca a importância da meditação na busca pela presença de Deus: "A meditação é a arte de se esvaziar de si mesmo e permitir que o Espírito Santo preencha o vazio. É o caminho pelo qual a alma se eleva até a presença de Deus".

Além disso, a prática da meditação e da reflexão também nos ajuda a lidar com a ansiedade e estresse do dia a dia. Ao nos concentrarmos em Deus e nas verdades bíblicas, somos capazes de encontrar paz e descanso em meio às tribulações.

Para desenvolver uma vida devocional rica em meditação e reflexão, é importante reservar um tempo diário para essas práticas. A leitura da Bíblia e a oração podem ser boas introduções para esse momento de concentração. Também é importante encontrar um lugar tranquilo e livre de distrações para se concentrar.

Culto e adoração

A adoração e o culto são partes essenciais da vida cristã. É através da adoração que o cristão expressa seu amor e devoção a Deus e reconhece sua grandeza e poder. A Bíblia nos ensina que devemos adorar a Deus em espírito e em verdade (João 4:24) e que nosso culto deve ser um sacrifício vivo e agradável a Deus (Romanos 12:1).

Para desenvolver uma vida de adoração e culto significativa, é importante ter uma compreensão clara do que é adoração e do papel que ela desempenha na vida cristã. O teólogo batista A. W. Tozer (2015, p. 97) escreveu em seu livro *A busca do homem por Deus*: "A adoração é o ato mais importante da vida cristã, a fonte e o fim de toda a verdadeira religião".

Além de compreender o significado da adoração, é importante buscar formas de tornar o culto mais significativo e envolvente. O teólogo batista John Piper (2010, p. 19) enfatiza a importância da adoração em comunidade, afirmando que "a adoração corporativa é a expressão mais poderosa e unificadora da nossa vida em Cristo". Ele também destaca a importância de se aproximar da adoração com um coração aberto e receptivo, prontos para ouvir a voz de Deus e responder a ela.

Outro aspecto importante da vida de adoração é a expressão criativa da fé através da música, poesia e outras formas de arte. O teólogo batista Robert Webber (2012, p. 45) enfatiza a importância da liturgia e do uso cuidadoso dos símbolos e rituais na adoração, afirmando que "a liturgia não é apenas uma questão de estilo ou preferência, mas uma questão de fidelidade à tradição cristã".

Em resumo, para desenvolver uma vida de adoração e culto significativa, é importante compreender o significado da adoração, buscar formas de tornar o culto mais envolvente e expressivo, se aproximar da adoração com um coração aberto e receptivo e explorar a expressão criativa da fé através da arte. Os teólogos batistas mencionados anteriormente, A. W. Tozer, John Piper e Robert Webber, são apenas alguns exemplos de autores cujas obras podem ser úteis para aqueles que desejam aprofundar seu entendimento sobre a adoração e o culto na vida cristã.

Culto e adoração na vida da igreja e dos membros

A importância do culto e da adoração na vida da igreja e dos membros é um assunto que tem sido debatido e estudado por teólogos batistas ao longo dos anos. O culto é uma prática essencial na vida da igreja, pois é um momento de comunhão com Deus e com outros irmãos em Cristo.

O teólogo John Piper (2010, p. 40) destaca em seu livro *Desiring God* a importância da adoração na vida do cristão, afirmando que "a adoração é a atividade mais importante da vida cristã, pois é nela que Deus se torna mais glorioso para nós". Já o teólogo A. W. Tozer (2015, p. 89), em sua obra *O conhecimento do santo*, ressalta a necessidade de uma adoração sincera e reverente, afirmando que "a adoração é a alegria da alma que se rende a Deus".

Além disso, o culto e a adoração também têm um papel importante na formação espiritual dos membros da igreja. O teólogo Paul Washer (2010, p. 90), em seu livro *A verdadeira obra de Deus*, destaca que "a adoração verdadeira é uma resposta à revelação de Deus, e quando nos rendemos a Ele em adoração, somos transformados pela Sua presença".

Para que o culto e a adoração sejam efetivos na vida da igreja e dos membros, é importante que haja uma preparação adequada por parte dos líderes e dos membros. O teólogo Rick Warren, em seu livro *Uma igreja com propósitos*, destaca a importância de um planejamento cuidadoso do culto, levando em consideração a mensagem que se quer transmitir e a forma como a adoração será conduzida.

Por fim, é importante lembrar que o culto e a adoração não se limitam apenas ao momento de reunião na igreja, mas devem ser uma prática constante na vida do cristão. O teólogo John MacArthur (2018, p. 81), em seu livro *Adoração verdadeira*, destaca que "a verdadeira adoração é uma atitude de coração que se reflete em tudo o que fazemos, desde nossas orações e leitura da Bíblia até nossas ações diárias".

Liderança de culto

A liderança de culto é uma função importante na igreja, que envolve a preparação e a condução dos momentos de adoração e louvor. Para desempenhar essa função de maneira eficaz, é necessário ter conhecimento bíblico e teológico, habilidades de comunicação e liderança, além de sensibilidade para conduzir o povo de Deus em adoração.

O pastor Rick Warren (2013, p. 28), em seu livro *Uma igreja com propósitos*, destaca a importância da liderança de culto para o crescimento espiritual da igreja: "A liderança de adoração é uma das mais importantes na igreja porque molda a alma da congregação. Como líderes, devemos nos preparar com cuidado para criar um ambiente de adoração que nos permita ouvir a voz de Deus e responder a ela".

O teólogo batista John Piper (2010, p.163), em seu livro *A supremacia de Deus na pregação*, destaca que a liderança de culto deve ter como objetivo central a exaltação de Deus: "O objetivo final do culto não é o ser humano, mas Deus. Não estamos ali para buscar satisfação pessoal, mas para oferecer adoração a Deus. Por isso, a liderança de culto deve ter como objetivo central a exaltação de Deus".

Além disso, a liderança de culto deve estar atenta às necessidades e contextos da comunidade, buscando adaptar a linguagem e a forma de culto para que sejam acessíveis e significativas para todos os membros da igreja.

O pastor e teólogo batista Mark Dever (2012, p. 108), em seu livro *O que é uma igreja saudável?*, destaca a importância de uma liderança de culto que seja clara e coerente com os ensinamentos bíblicos: "Uma liderança de culto saudável é aquela que está enraizada na Palavra de Deus e é clara e coerente em suas práticas e ensinamentos. É importante que a liderança de culto tenha uma compreensão profunda das Escrituras e da teologia para que possa conduzir a congregação de maneira fiel aos ensinamentos bíblicos".

Nesse sentido, a liderança de culto deve ser exercida com humildade, dependência de Deus e compromisso com a edificação da comunidade de fé.

Música na adoração

A música tem um papel fundamental na adoração cristã, acompanhando as orações, louvores e reflexões dos fiéis. Porém, como integrar de forma adequada a música nos cultos e serviços religiosos? E como escolher as canções que mais tocarão os corações dos membros da igreja?

Um ponto importante a se destacar é que a música na igreja deve estar sempre alinhada com a Palavra de Deus e com os valores e ensinamentos cristãos. Além disso, é importante escolher canções que sejam adequadas ao momento do culto e que possam alcançar e edificar os corações dos fiéis.

Nesse sentido, a liderança da igreja tem um papel fundamental em garantir que a música seja utilizada de forma correta e edificante nos cultos e serviços religiosos. É importante que essa liderança tenha uma visão clara do papel da música na adoração e busque orientação e inspiração na Palavra de Deus para conduzir as escolhas musicais.

Uma das grandes referências no meio batista em relação à música é o teólogo e compositor cristão Isaac Watts. Ele foi um grande defensor da importância da música na adoração e se destacou pela criação de inúmeros hinos e cânticos que até hoje são utilizados nas igrejas. Watts defendia que a música deveria ser sempre um instrumento para glorificar a Deus e para unir a comunidade cristã.

Outra importante referência no meio batista é o teólogo e pastor A. W. Tozer. Ele afirmava que a música na adoração é uma expressão do amor de Deus e deve ser utilizada para levar os fiéis a um encontro mais profundo com Ele. Tozer defendia que a música é uma forma de adoração e que, por isso, deve ser utilizada de forma consciente e cuidadosa.

Para concluir, a música tem um papel fundamental na adoração cristã e na vida da igreja. A liderança da igreja tem o papel de garantir que a música seja utilizada de forma correta e edificante, buscando sempre inspiração na Palavra de Deus e nas orientações dos teólogos cristãos. A escolha adequada das canções pode tocar os corações dos membros da igreja e contribuir para aprofundar sua relação com Deus.

Culto e vida cotidiana

O culto é um momento de adoração e comunhão com Deus, que pode ter um grande impacto na vida cotidiana dos membros da igreja. Muitos teólogos batistas têm enfatizado a importância de trazer a adoração a Deus para todas as áreas da vida e não apenas limitá-la ao culto dominical. Neste texto, abordaremos a relação entre o culto e a vida cotidiana e como essa conexão pode transformar a vida dos crentes.

O pastor e teólogo batista John Piper (2010, p. 97) afirma que "adoração é tudo o que somos abraçando tudo o que Deus é". Isso significa que a adoração não se limita ao tempo que passamos no culto, mas deve ser uma parte integral de nossa vida cotidiana. Quando entendemos que tudo o que fazemos deve ser uma expressão de adoração a Deus, nossas escolhas e ações começam a refletir essa atitude.

Além disso, a maneira como participamos do culto pode ter um impacto profundo em como vivemos fora dele. O teólogo batista Donald Whitney argumenta que a adoração corporativa é uma das principais maneiras pelas quais somos moldados para viver em obediência a Deus. Ele afirma que "o culto é o principal meio pelo qual Deus forma o caráter cristão" (Whitney, 2015, p. 76).

A música é uma parte fundamental do culto, e muitos teólogos batistas enfatizam sua importância na vida cotidiana. O músico e teólogo John Michael Talbot (2013, p. 69) afirma que a música é "um canal de graça que nos conecta com a presença de Deus". Quando cantamos hinos e louvores no culto, podemos levar essa conexão conosco ao longo do dia, lembrando-nos da presença de Deus em nossas vidas.

A relação entre o culto e a vida cotidiana é profunda e significativa. Quando reconhecemos que a adoração é muito mais do que um evento semanal, mas uma atitude constante, podemos experimentar a transformação de nossas vidas. A música é uma ferramenta poderosa que pode nos conectar com a presença de Deus, e a adoração corporativa é uma maneira pela qual somos moldados para viver em obediência a Deus. Ao trazer a adoração a Deus para todas as áreas de nossa vida, podemos experimentar a plenitude da vida cristã.

MÓDULO VIII

MINISTÉRIOS DA IGREJA LOCAL

Neste módulo, exploraremos os "Ministérios da igreja local" com o propósito de proporcionar uma compreensão abrangente. Abordaremos diversos ministérios, incluindo música, ensino, evangelismo, oração, ação social, entre outros, ressaltando a importância de cada um. Este curso visa não apenas informar sobre esses ministérios, mas também orientar os membros sobre como se envolver e servir em cada área.

Ao longo de nossas discussões, aprenderemos a desenvolver efetivamente esses ministérios e a trabalhar em equipe para alcançar metas coletivas. Daremos ênfase à relevância da justiça social e à missão da igreja em atender às necessidades tanto da comunidade local quanto global. Exploraremos o papel da igreja na promoção da paz, reconciliação e ação social, discutindo estratégias para mobilizar e envolver a comunidade em projetos sociais.

Ao concluir este módulo, os participantes estarão equipados com uma compreensão mais profunda dos ministérios da igreja, capacitados a se envolverem e servirem em suas comunidades. Além disso, estarão conscientes da importância da justiça social e da missão da igreja, podendo identificar maneiras de participar ativamente em projetos que atendam às necessidades locais e globais da comunidade.

Ministérios na igreja local

Na igreja local, os cristãos se reúnem para adorar a Deus, aprofundar seu conhecimento bíblico e cultivar um sentido de comunidade. No âmago dessa vivência eclesiástica encontra-se o ministério, representando o esforço dos membros em servir a Deus e aos semelhantes. A diversidade de ministérios na igreja local proporciona oportunidades singulares para a participação e serviço dos membros. Cada tipo de ministério se apresenta como uma porta aberta para envolvimento, permitindo que os fiéis contribuam de maneira significativa para a edificação espiritual da comunidade e o cumprimento da missão da igreja.

Um dos ministérios mais comuns na igreja local é o ministério de louvor. Esse ministério envolve a liderança na adoração a Deus por meio da música e da oração. Em Colossenses 3:16, Paulo escreve: "Cantem salmos, hinos e cânticos espirituais com gratidão a Deus em seu coração". O ministério de louvor é uma forma de servir a Deus e ajudar outros a se conectarem com Ele por meio da música.

Outro ministério importante é o ministério de ensino. Esse ministério envolve o ensino da Palavra de Deus em vários contextos, como classes de escola dominical, estudos bíblicos, grupos de discipulado e programas de treinamento. O apóstolo Paulo escreve em 2 Timóteo 3:16–17: "Toda a Escritura é inspirada por Deus e útil para o ensino, para a repreensão, para a correção e para a instrução na justiça, para que o homem de Deus seja apto e plenamente preparado para toda boa obra". O ministério de ensino é uma forma de ajudar os membros a crescerem em sua fé e conhecimento da Palavra de Deus.

O ministério de evangelismo é outro ministério importante na igreja local. Esse ministério envolve compartilhar o evangelho de Jesus Cristo com pessoas que ainda não o conhecem, levando-as a uma fé salvadora em Cristo. Em Marcos 16:15, Jesus instruiu Seus discípulos: "Ide por todo o mundo e pregai o evangelho a toda criatura". O ministério de evangelismo é uma forma de compartilhar o amor e a graça de Deus com outras pessoas e ajudá-las a encontrar salvação em Cristo.

Outro ministério é o ministério de serviço comunitário. Esse ministério envolve o serviço a outras pessoas na comunidade, como cuidar dos necessitados, visitar os doentes e ajudar os pobres. Em Mateus 25:40, Jesus disse: "O que vocês fizeram a um destes meus pequeninos irmãos, a mim o fizeram". O ministério de serviço comunitário é uma forma de demonstrar o amor de Deus aos outros e servir aos necessitados.

Em conclusão, a diversidade de ministérios na igreja local desempenha um papel crucial em seu funcionamento e crescimento. A participação ativa dos membros em diferentes ministérios, alinhada às suas habilidades e dons, é essencial para fortalecer o corpo de Cristo e realizar a missão divina. O ensinamento de Paulo em Efésios 4:16 destaca a importância da cooperação harmoniosa entre os membros, resultando no crescimento e edificação mútuos em amor. Independentemente da escolha do ministério, é imperativo que o serviço na igreja seja permeado pelo amor e dedicação, visando sempre à glória de Deus e ao bem-estar do próximo. O lembrete de Jesus em Mateus 25:40 reforça que, ao servir aos outros na igreja, estamos, de fato, servindo a Cristo e contribuindo para o avanço de seu reino na terra.

Escolhendo e desenvolvendo ministério específico na igreja e na comunidade

Escolher e desenvolver um ministério específico na igreja e na comunidade pode ser uma tarefa desafiadora, mas também muito gratificante. Como cristãos, temos o chamado de servir e amar ao próximo, e os ministérios são uma das formas mais práticas e efetivas de fazer isso.

Antes de escolher um ministério, é importante buscar a direção de Deus e orar para que Ele nos guie no caminho certo. Em Provérbios 3:5–6, lemos: "Confia no Senhor de todo o teu coração e não te estribes no teu próprio entendimento. Reconhece-o em todos os teus caminhos, e ele endireitará as tuas veredas". Ao buscar a direção de Deus, podemos ter a certeza de que estamos seguindo o caminho que Ele tem para nós.

Outro aspecto importante é considerar nossos dons e habilidades naturais. Deus nos deu habilidades e talentos únicos que podem ser usados para servir na igreja e na comunidade. Em 1 Pedro 4:10–11, lemos: "Cada um exerça o dom que recebeu para servir os outros, administrando a graça de Deus em suas diversas formas. Se alguém fala, faça-o como quem transmite a palavra de Deus. Se alguém serve, faça-o com a força que Deus provê, de forma que em todas as coisas Deus seja glorificado mediante Jesus Cristo".

Além disso, é importante considerar as necessidades da igreja e da comunidade. Devemos estar atentos às necessidades das pessoas ao nosso redor e buscar formas de2 atendê-las. Como disse a teóloga Valnice Milhomens (2014, p. 37), "a igreja deve estar atenta às necessidades da sociedade, e seus ministérios devem estar voltados para suprir essas necessidades. Não podemos ser uma igreja fechada em si mesma, mas uma igreja que ama e serve a sua comunidade".

Existem muitos tipos diferentes de ministérios que podemos desenvolver na igreja e na comunidade, como o ministério de louvor, de ensino, de evangelismo, de assistência social, entre outros. O importante é escolher um ministério que esteja alinhado com a nossa vocação e habilidades, e que atenda às necessidades da igreja e da comunidade.

Ao desenvolver um ministério, devemos estar dispostos a aprender e crescer. Devemos buscar o treinamento e a mentoria de líderes experientes, e estar sempre abertos ao feedback e à orientação. Como disse o teólogo John Piper (2010, p. 18), "o serviço é uma escola de humildade. Devemos estar dispostos a aprender com nossos erros e a crescer em nosso serviço a Deus e ao próximo".

Em conclusão, escolher e desenvolver um ministério específico na igreja e na comunidade é uma tarefa importante e desafiadora, mas também muito gratificante. Ao buscar a direção de Deus, considerar nossos dons e habilidades, e estar atentos às necessidades da igreja e da comunidade, podemos encontrar um ministério que nos permita servir a Deus e ao próximo de forma significativa e efetiva. Com humildade, aprendizado constante e perseverança, podemos desenvolver nossos talentos e habilidades, tornando-nos mais eficazes e impactantes em nosso ministério.

Valnice Milhomens, pastora de abordagem batista e teóloga, destaca a importância de escolher um ministério que esteja alinhado com nossos dons e talentos naturais. Segundo ela, Deus nos deu habilidades e dons específicos para serem usados em seu serviço. Quando escolhemos um ministério que está em harmonia com esses dons, somos mais efetivos e capazes de alcançar mais pessoas.

Outro teólogo que enfatiza a importância de escolher um ministério específico é John Piper. Ele destaca que a escolha de um ministério não deve ser baseada em nossas preferências pessoais, mas sim em nossa paixão por glorificar a Deus e fazer seu trabalho no mundo. Ele aconselha a orar e buscar orientação de Deus ao escolher um ministério específico.

Uma vez que escolhemos um ministério específico, é importante desenvolver nossas habilidades e crescer em nosso conhecimento e compreensão da área em que estamos trabalhando. Isso pode envolver participar de treinamentos, buscar mentoria e aconselhamento de outros líderes experientes na área, e estudar a Bíblia para entender como aplicar seus princípios em nosso ministério.

Em conclusão, a escolha e desenvolvimento de um ministério específico representam uma jornada gratificante na vida cristã. Com base na orientação do apóstolo Paulo em Colossenses 3:23–24, compreendemos que a dedicação integral ao serviço, feito de coração como para o Senhor, é recompensada com a promessa do galardão da herança, pois servimos a Cristo, o Senhor.

A exortação de Paulo ressoa em nossos corações, lembrando-nos de que, ao nos engajarmos nos ministérios da igreja e da comunidade, devemos fazê-lo com paixão e amor, como se estivéssemos diretamente servindo ao próprio Deus. Nesse caminho, é essencial seguir o conselho de teólogos como Valnice Milhomens, que destaca a importância de descobrir e desenvolver os dons concedidos por Deus para um serviço eficaz.

A jornada de escolher um ministério específico requer discernimento, conforme indicado por Warren W. Wiersbe, onde a análise sábia e piedosa de nossa vida e circunstâncias nos conduz a tomar decisões que melhor sirvam a Deus em nosso contexto atual. Além disso, é crucial considerar as necessidades da igreja e da comunidade, buscando a orientação constante do Espírito Santo por meio da oração.

Em resumo, o processo de escolha e desenvolvimento de um ministério específico demanda aprendizado contínuo, perseverança e a orientação do Espírito Santo. Devemos investir nossos recursos, habilidades e tempo com disposição para servir a Deus e às pessoas ao nosso redor, confiantes de que, ao seguir os ensinamentos de Paulo, receberemos o galardão da herança pela fidelidade a Cristo (Colossenses 3:24).

Capacitando membros para o serviço

Capacitar os membros da igreja para servir em diferentes funções é essencial para o crescimento e a eficácia da igreja como um todo. A Bíblia nos ensina que cada um de nós tem dons e talentos dados por Deus que devemos usar para o serviço (1 Pedro 4:10). Além disso, a obra do ministério é compartilhada por todo o corpo de Cristo, e cada membro é importante para a edificação da igreja (Efésios 4:16).

Para capacitar os membros a servir, é importante fornecer treinamento e orientação adequados para as diferentes funções da igreja. Isso pode incluir treinamento em liderança, aconselhamento, evangelismo, música, serviço social e muitos outros campos. Valnice Milhomens, em seu livro *O poder da visão no Ministério do Reino*, enfatiza a importância da visão e do propósito ao se desenvolver um ministério na igreja. Ela destaca que uma visão clara e bem definida é crucial para inspirar e motivar os membros a servir com entusiasmo e comprometimento.

Outros teólogos, como John Piper e John MacArthur, enfatizam a importância da doutrina bíblica sólida para o serviço eficaz na igreja. Eles afirmam que um conhecimento profundo da Palavra de Deus é essencial para a formação de líderes capacitados e para a proteção da igreja contra falsas doutrinas e ensinamentos perigosos.

Além disso, a liderança da igreja deve criar um ambiente acolhedor e encorajador para os membros se envolverem e crescerem em seus ministérios. Isso pode incluir mentoria, aconselhamento e suporte emocional e espiritual.

Ao capacitar os membros para o serviço em diferentes funções na igreja, a igreja pode crescer em maturidade e eficácia, alcançando sua missão de compartilhar o amor e a mensagem de Cristo com o mundo.

Comunidade local e global: justiça social e missão da igreja

A igreja tem um papel fundamental na promoção da justiça social e no atendimento às necessidades da comunidade local e global. Como cristãos, temos o mandato de amar ao próximo como a nós mesmos e cuidar dos menos favorecidos. Isso inclui a luta contra a pobreza, o preconceito e a discriminação em todas as suas formas.

O livro de Isaías nos ensina que a justiça social é uma parte importante da missão da igreja: "Buscai a justiça, socorrei o oprimido; fazei justiça ao órfão, defendei a causa da viúva" (Isaías 1:17). Jesus também ensinou que aqueles que são abençoados por Deus devem abençoar os outros, especialmente os necessitados: "Porque tive fome, e me destes de comer; tive sede, e me destes de beber; era forasteiro, e me acolhestes; estava nu, e me vestistes; enfermo, e me visitastes; preso, e fostes ver-me" (Mateus 25:35–36).

Valnice Milhomens, teóloga brasileira, ressalta que a igreja deve ser a luz do mundo e o sal da terra, fazendo a diferença onde estiver: "A igreja é uma agência divina de salvação e mudança social. Ela é um corpo orgânico, composto de indivíduos que, pelo poder do Espírito Santo, são capacitados a impactar o mundo à sua volta" (Milhomens, 2013, p. 120).

Outros teólogos, como Tim Keller e John Stott, também enfatizam a importância da justiça social e da missão integral da igreja. Em seu livro *Justiça generosa*, Keller argumenta que a igreja deve trabalhar para erradicar a pobreza e a injustiça em sua comunidade, enquanto proclama o evangelho de Jesus Cristo. Já Stott, em seu livro *A cruz de Cristo*, destaca que a missão da igreja não se limita à pregação do evangelho, mas também inclui o cuidado com as necessidades físicas e emocionais das pessoas.

Para a igreja ser efetiva em sua missão de promover a justiça social e atender às necessidades da comunidade, é necessário que haja conscientização e engajamento dos membros. É preciso que a igreja esteja disposta a investir tempo, recursos e talentos em projetos e ações que visem ao bem-estar do próximo. Isso inclui a participação em programas de combate à fome, à pobreza, à violência e ao preconceito, bem como ações que visem à preservação do meio ambiente e à promoção da paz.

Em resumo, a igreja tem um papel importante na promoção da justiça social e na missão integral da igreja. É necessário que haja conscientização e engajamento dos membros para que a igreja possa cumprir seu papel de ser a luz do mundo e o sal da terra, fazendo a diferença onde estiver.

Papel da igreja na promoção da paz, reconciliação e ação social

A igreja é chamada a ser um agente de paz e reconciliação em um mundo cheio de conflitos e desunião. A Bíblia nos ensina que a paz é um dom de Deus, e que a reconciliação é possível através de Jesus Cristo (Efésios 2:14–18). Como membros da igreja, temos a responsabilidade de promover a paz e a reconciliação em nossas comunidades.

Além disso, a igreja também tem um papel importante na ação social. Jesus nos ensinou a amar o nosso próximo como a nós mesmos e a cuidar dos pobres e oprimidos (Mateus 25:31–46). A igreja deve se envolver ativamente na busca da justiça social e da equidade, defendendo os direitos dos marginalizados e lutando contra a injustiça.

Valnice Milhomens (2010, p. 92), teóloga brasileira, enfatiza a importância da igreja se envolver na ação social, afirmando que "a igreja precisa estar comprometida com a realidade em que está inserida, trabalhando para transformar a sociedade, promovendo o bem-estar e a dignidade humana".

Outros teólogos também destacam a importância da igreja na promoção da paz e da justiça social. Em seu livro *A cruz e o punho*, o pastor e ativista social John Perkins (2019, p. 59) afirma que "a igreja é a única instituição que tem a visão, a esperança e a orientação divina para lidar com as questões sociais e raciais de nossa sociedade".

Em resumo, a igreja tem um papel fundamental na promoção da paz, reconciliação e ação social. Como membros da igreja, devemos nos engajar ativamente em ações que promovam a justiça social e a equidade, buscando transformar a sociedade em que vivemos e promovendo a dignidade humana.

Missão da igreja e ministério local

A igreja tem uma missão universal de pregar o evangelho e fazer discípulos em todas as nações (Mateus 28:19–20). No entanto, essa missão deve ser realizada por meio de ministérios locais específicos, que se adaptam às necessidades e características da comunidade onde a igreja está inserida.

Para estabelecer uma relação íntima entre a missão da igreja e o ministério local, é importante que a igreja conheça as necessidades e desafios da comunidade em que está inserida. Para isso, pode ser necessário realizar pesquisas e análises para identificar as principais carências e demandas, bem como as oportunidades de evangelismo e discipulado.

Além disso, a igreja deve buscar formas de se envolver com a comunidade local, oferecendo serviços e apoio que demonstrem o amor e a graça de Deus. Isso pode incluir projetos sociais, programas de assistência e ações de evangelismo que sejam relevantes para a realidade da comunidade.

Valnice Milhomens, em seu livro *O reino do espírito e o reino do mundo*, destaca a importância da igreja estar engajada com a sociedade, demonstrando o amor de Deus por meio de ações concretas que promovam a justiça e a paz.

Além disso, outros teólogos, como John Stott, em sua obra *Cristianismo equilibrado*, enfatizam a necessidade da igreja estar engajada na comunidade local, sendo sal e luz no mundo e buscando a transformação social e espiritual.

Por fim, é fundamental que a igreja mantenha um alinhamento constante entre sua missão e seus ministérios locais, buscando sempre aprimorar suas estratégias e formas de atuação para alcançar os objetivos do Reino de Deus.

MÓDULO IX

ÉTICA CRISTÃ

O estudo da "Ética cristã" constitui a essência deste módulo, revelando-se como um tema de suma importância na vida dos seguidores de Cristo, influenciando diretamente o caráter e o comportamento cristãos. O Módulo IX: Ética cristã representa uma ferramenta essencial para os membros da igreja que buscam aprofundar seus conhecimentos acerca dos princípios éticos cristãos e compreender como aplicá-los em diversos aspectos de suas vidas, tanto pessoais quanto no contexto da igreja e da sociedade em geral. Nessa jornada, os participantes serão conduzidos por uma análise aprofundada sobre a ética cristã e sua aplicação prática, explorando temas cruciais como santidade, justiça, integridade e verdade. Ademais, o módulo abordará a interseção entre ética cristã, cultura, política e justiça social, proporcionando uma compreensão abrangente dessas conexões. A ética cristã, portanto, emerge como alicerce fundamental na construção de uma comunidade cristã robusta e saudável. Ao término deste módulo, espera-se que os participantes tenham alcançado um entendimento mais profundo e claro da ética cristã, capacitando-os a aplicá-la de maneira significativa em suas vidas pessoais, na igreja e na sociedade, contribuindo, assim, para o florescimento de uma comunidade cristã vibrante e saudável.

Fundamentos bíblicos da ética cristã

A ética cristã é baseada nos ensinamentos e princípios bíblicos que orientam a conduta e o comportamento dos cristãos. Esses princípios são fundamentais para a formação de uma sociedade mais justa e solidária, que respeita e valoriza a dignidade de todos os seres humanos.

A ética cristã tem como base a Bíblia Sagrada, que apresenta diversos ensinamentos sobre a conduta humana. Em Colossenses 3:23–24, por exemplo, a Palavra de Deus afirma: "Tudo o que fizerem, façam de todo o coração, como para o Senhor, e não para os homens, sabendo que receberão do Senhor a recompensa da herança. É a Cristo, o Senhor, que vocês estão servindo". Esse versículo mostra a importância da integridade e da dedicação no trabalho e nas demais atividades da vida.

Outra passagem bíblica que traz ensinamentos relevantes sobre a ética cristã está em Filipenses 2:3-4: "Não façam nada por interesse pessoal ou por desejos tolos de receber elogios; mas, com humildade, considerem os outros superiores a vocês mesmos. Cada um cuide, não somente dos seus interesses, mas também dos interesses dos outros". Esse versículo enfatiza a importância da empatia, do altruísmo e da preocupação com o bem-estar do próximo.

Além dos fundamentos bíblicos, a ética cristã também se baseia em princípios de teorias da ética, como a ética das virtudes e a ética do dever. O livro *Ética cristã*, de Norman Geisler, apresenta uma visão aprofundada sobre os fundamentos e aplicação da ética cristã na vida cotidiana.

Valnice Milhomens, teóloga e autora de diversos livros cristãos, também contribui com sua visão sobre a ética cristã em obras como *Comportamento e ética na igreja* e *Santidade ao Senhor*. Seus ensinamentos ajudam a compreender a importância da conduta ética e moral na vida cristã.

Em suma, a ética cristã é fundamentada nos ensinamentos bíblicos e contribui para a construção de uma sociedade mais justa, humana e solidária. A aplicação desses princípios na vida cotidiana é essencial para a formação de um caráter cristão sólido e coerente com a vontade de Deus.

Relação entre ética e moral

A ética e a moral são duas palavras que muitas vezes são usadas como sinônimos, mas na verdade têm significados diferentes. A moral é um conjunto de valores, costumes e normas que uma sociedade ou grupo social considera certo ou errado. Já a ética é a reflexão crítica sobre a moral, buscando compreender suas origens, fundamentos e limitações.

A relação entre ética e moral é muito importante, pois a ética pode ajudar a compreender e avaliar as normas morais que são aceitas em uma determinada sociedade ou cultura. A ética permite questionar essas normas, refletir sobre sua adequação e buscar alternativas mais justas e coerentes com os valores cristãos.

Na Bíblia, encontramos diversos ensinamentos sobre a ética e a moral. Em Romanos 12:2, por exemplo, é dito: "Não se amoldem ao padrão deste mundo, mas transformem-se pela renovação da sua mente, para que sejam capazes de experimentar e comprovar a boa, agradável e perfeita vontade de Deus". Esse versículo mostra que a vontade de Deus deve ser o padrão para a nossa conduta, não as normas morais estabelecidas pela sociedade.

A teóloga Valnice Milhomens, em seu livro *Ética cristã: temas bíblicos e atuais*, destaca a importância de a ética estar fundamentada na Palavra de Deus e nos ensinamentos de Jesus Cristo. Ela argumenta que a ética cristã deve ser uma ética do amor, que busca promover o bem-estar do próximo e a justiça social.

Além disso, a ética cristã também está relacionada com a virtude, como aponta o filósofo Aristóteles. As virtudes são hábitos de conduta que nos levam a agir de forma ética e justa, e incluem a coragem, a prudência, a temperança e a justiça.

Em resumo, a relação entre ética e moral é fundamental para a compreensão da conduta cristã. A ética cristã deve ser baseada na reflexão crítica sobre a moral estabelecida, buscando sempre a vontade de Deus e a promoção do bem-estar do próximo. A Bíblia e os ensinamentos de teólogos como Valnice Milhomens podem ajudar a compreender melhor a ética cristã e seus fundamentos.

Aplicação prática dos princípios éticos na vida diária do cristão

Os princípios éticos são fundamentais para uma vida cristã coerente e íntegra. A ética cristã não é apenas um conjunto de regras morais, mas um estilo de vida que reflete a vontade de Deus para nossas vidas. A aplicação prática desses princípios pode ser percebida em diversas áreas da vida do cristão.

Na relação com o próximo, a ética cristã nos ensina a amar o nosso próximo como a nós mesmos (Mateus 22:39). Isso significa tratar as pessoas com respeito e consideração, sem fazer acepção de pessoas (Tiago 2:1-4). Devemos ser honestos em nossos relacionamentos, evitando a mentira e a falsidade (Efésios 4:25). Além disso, a ética cristã nos orienta a sermos pacificadores e a perdoar aqueles que nos ofendem (Mateus 5:9, Colossenses 3:13).

No ambiente de trabalho, a ética cristã se manifesta através do trabalho honesto e dedicado (Efésios 6:5–8). Devemos ser leais aos nossos empregadores e cumprir com nossas obrigações de forma ética, sem se envolver em práticas desonestas ou corruptas. Devemos também respeitar nossos colegas de trabalho e tratar todos com justiça e equidade.

Na área financeira, a ética cristã nos ensina a sermos bons administradores dos recursos que Deus nos confia (Lucas 16:10–12). Devemos evitar a ganância e a cobiça, e ser generosos com os menos favorecidos (Provérbios 22:9, 2 Coríntios 9:7). Devemos pagar nossas dívidas e cumprir com nossas obrigações financeiras de forma ética e responsável (Romanos 13:8).

Em relação à nossa própria conduta, a ética cristã nos ensina a buscar a santidade e a pureza em todas as áreas de nossas vidas (1 Pedro 1:14–16). Devemos evitar os vícios e as práticas imorais, e buscar a transformação através do poder do Espírito Santo (Romanos 12:1–2). Devemos também ser humildes e reconhecer nossas fraquezas, buscando ajuda e apoio quando necessário.

O livro *Ética cristã: alternativas e questões contemporâneas*, de Norman Geisler, oferece uma visão ampla e aprofundada sobre os princípios éticos fundamentais para a vida cristã. Além disso, a Bíblia é a principal fonte de ensinamentos éticos para o cristão, como em Provérbios 11:3, que diz: "A integridade dos justos os guia, mas a falsidade dos infiéis os destrói".

Em resumo, a ética cristã é a base para uma vida cristã autêntica e coerente. A aplicação prática desses princípios éticos em todas as áreas de nossa vida é fundamental para que possamos refletir a imagem de Cristo em nossas vidas e sermos um testemunho eficaz para o mundo.

Temas éticos relevantes na sociedade contemporânea

Atualmente, a sociedade enfrenta muitos desafios éticos que exigem uma reflexão profunda e um engajamento ativo das pessoas. Um desses temas é a questão ambiental, que exige uma mudança de comportamento e um compromisso com a preservação do meio ambiente para garantir um futuro sustentável para as próximas gerações.

Outro tema relevante é a igualdade de gênero, que envolve a luta pela eliminação de preconceitos e discriminações baseados no sexo, garantindo os mesmos direitos e oportunidades para homens e mulheres.

Ainda na esfera social, a diversidade cultural e religiosa é um tema que tem recebido muita atenção nos últimos anos, com a necessidade de se promover a convivência pacífica e respeitosa entre pessoas de diferentes origens e crenças.

Na área da tecnologia, a privacidade e proteção de dados pessoais tem sido um tema cada vez mais relevante, especialmente com o uso crescente de tecnologias de informação e comunicação, como as redes sociais e aplicativos de mensagens.

A Bíblia traz muitos ensinamentos que podem nos ajudar a lidar com esses temas de forma ética e responsável. Em relação à preservação do meio ambiente, por exemplo, em Gênesis 2:15, Deus ordenou ao homem que cuidasse e cultivasse a terra. Já em relação à igualdade de gênero, a Bíblia enfatiza a igualdade entre homens e mulheres, como em Gálatas 3:28: "Não há judeu nem grego, escravo nem livre, homem nem mulher; pois todos são um em Cristo Jesus".

A teoria da ética também pode ser útil na reflexão sobre esses temas. A ética deontológica, por exemplo, enfatiza o dever e a obrigação de agir de forma correta e justa, enquanto a ética utilitarista busca maximizar o bem-estar geral. Já a ética da virtude enfatiza o desenvolvimento de virtudes morais, como a honestidade e a empatia.

Em suma, é importante que os cristãos estejam atentos aos temas éticos relevantes na sociedade contemporânea, buscando se engajar de forma ativa e responsável na promoção de valores éticos e morais que estejam de acordo com os ensinamentos bíblicos e os princípios da administração e teorias éticas.

Ética cristã na igreja

A ética cristã é um alicerce crucial na vida da igreja e de seus membros, sendo um conjunto de princípios e valores fundamentados na Palavra de Deus. Esses princípios guiam a conduta e as decisões dos cristãos em relação a si mesmos, ao próximo e a Deus, transcendendo para todas as esferas da vida, inclusive dentro da própria igreja. A comunidade eclesiástica é um ambiente onde a ética cristã deve ser vivenciada de forma integral e exemplar. Tanto líderes quanto membros têm a responsabilidade de serem modelos de conduta ética, seguindo as orientações bíblicas e promovendo valores como justiça, honestidade, compaixão e amor ao próximo.

A relação entre ética e igreja é estreita e inegociável. A igreja não é apenas um espaço de ensino da ética cristã, mas também um lugar de reflexão e prática desses princípios. O compromisso com a transformação da vida dos membros e a construção de uma sociedade mais justa e fraterna são metas intrínsecas a essa relação. Referências bíblicas, como 1 Pedro 1:15–16, ressaltam a importância da santidade na vida cristã e, por consequência, na igreja. Além disso, obras como *Ética cristã na igreja local*, de Russell Shedd, e *A igreja em tempos de crise*, de Darrell W. Johnson, oferecem orientações práticas sobre como aplicar esses princípios éticos na vida eclesiástica.

Princípios éticos na liderança da igreja e questões éticas entre os membros

A liderança na igreja é uma responsabilidade crucial, exigindo integridade e ética elevadas. A honestidade, transparência, justiça e equidade são princípios éticos fundamentais que devem nortear as ações dos líderes eclesiásticos. Inspirar os membros da igreja a seguir esses padrões éticos é essencial para liderar com eficácia. A humildade, empatia e compaixão são igualmente importantes, mostrando a disposição dos líderes de ouvir e aprender com os membros, reconhecendo a imperfeição humana e promovendo o cuidado pelas necessidades e problemas da comunidade.

No entanto, questões éticas podem surgir na relação entre os membros da igreja. O conflito entre membros deve ser abordado com diálogo honesto e respeitoso, ou por meio de mediação com um terceiro imparcial. Além disso, é imperativo garantir um tratamento justo e igualitário para todos, independentemente de sua posição ou status social. A inclusão de todos nos processos decisórios e o valor atribuído às suas opiniões são fundamentais para manter uma comunidade eclesiástica saudável e ética.

A Bíblia oferece inúmeros ensinamentos sobre ética e liderança, como Provérbios 11:14, destacando a importância da liderança compartilhada e de decisões baseadas em conselhos. O livro *Ética ministerial*, de Wayne Oates, e *Ética cristã para o mundo contemporâneo*, de Stanley Hauerwas, oferecem orientações práticas e reflexões sobre questões éticas relevantes na igreja e na sociedade contemporânea. Em resumo, a liderança na igreja deve ser pautada por princípios éticos, com a abordagem justa e respeitosa das questões éticas entre os membros, sempre fundamentada nos ensinamentos da Bíblia e da ética cristã.

Ética cristã na sociedade e o papel da igreja na sociedade

A ética cristã é um tema importante na sociedade atual, e a igreja tem um papel fundamental em disseminar e praticar esses princípios em todas as áreas da vida. A ética cristã se baseia nos ensinamentos da Bíblia e na vida e exemplo de Jesus Cristo.

Um dos principais princípios éticos na sociedade é o amor ao próximo, que está presente em diversos versículos da Bíblia, como em Mateus 22:39, que diz: "Amarás o teu próximo como a ti mesmo". Esse princípio deve ser aplicado em todas as áreas da vida, seja nas relações pessoais ou profissionais.

Além do amor ao próximo, a honestidade, a justiça e a integridade são valores fundamentais na ética cristã. Na liderança da igreja, esses princípios devem ser ainda mais enfatizados e praticados, a fim de inspirar confiança e respeito da congregação e da sociedade em geral.

No entanto, é importante lembrar que a ética cristã não se restringe apenas à igreja, mas deve ser praticada por todos os cristãos em sua vida cotidiana, em todas as áreas da sociedade. A igreja tem um papel importante em incentivar e orientar seus membros nessa prática, por meio de ensinamentos e ações concretas.

A igreja também tem um papel relevante na promoção de justiça social e combate às injustiças na sociedade. Diversos teólogos, como Martin Luther King Jr., enfatizam a importância do engajamento da igreja em questões sociais, como combate à pobreza, ao racismo e à violência.

Portanto, é fundamental que a igreja assuma sua responsabilidade na promoção da ética cristã na sociedade e em questões relevantes para a justiça social. Dessa forma, ela pode contribuir para uma sociedade mais justa, pacífica e amorosa, em consonância com os valores do evangelho.

Exemplos práticos de aplicação da ética cristã em questões sociais relevantes

A ética cristã tem um papel importante na vida de um seguidor de Jesus Cristo, não apenas no âmbito pessoal, mas também na atuação em questões sociais relevantes. A aplicação desses princípios éticos pode ser vista em exemplos práticos de ações que visam promover o bem-estar da sociedade como um todo.

Um desses exemplos é a luta contra a discriminação racial e étnica. O racismo e a xenofobia são práticas que contrariam os princípios bíblicos de amor ao próximo e igualdade entre todos os seres humanos. A igreja cristã tem o papel de se posicionar contra essas práticas e promover a inclusão de todos, independentemente da raça, etnia ou nacionalidade. A carta aos Gálatas, por exemplo, afirma que "não há judeu nem grego, escravo nem livre, homem nem mulher, pois todos vocês são um em Cristo Jesus" (Gálatas 3:28).

Outro exemplo é a promoção da justiça social. A Bíblia nos ensina que devemos buscar a justiça e o bem-estar do próximo, especialmente os mais vulneráveis e necessitados. A atuação da igreja em defesa dos direitos dos pobres, dos órfãos e das viúvas, por exemplo, é uma forma prática de aplicação dos princípios éticos cristãos. O profeta Isaías diz: "Busquem a justiça, encorajem o oprimido. Defendam a causa dos pobres e a luta da viúva" (Isaías 1:17).

Outra questão social relevante em que a ética cristã pode ser aplicada é a preservação do meio ambiente. A Bíblia nos ensina que fomos colocados como cuidadores da criação de Deus e, portanto, temos a responsabilidade de preservá-la. A atuação da igreja em questões relacionadas à sustentabilidade e à preservação da natureza é uma forma prática de aplicação dos princípios éticos cristãos. O salmo 24:1 afirma que "do Senhor é a terra e tudo o que nela existe, o mundo e os que nele vivem".

Em conclusão, a ética cristã tem um papel fundamental na atuação da igreja em questões sociais relevantes. A aplicação desses princípios éticos pode ser vista em exemplos práticos de ações que visam promover o bem-estar da sociedade como um todo. É importante que a igreja se mantenha comprometida com esses valores e continue a promover a justiça, a igualdade e a preservação da criação de Deus.

Aplicação e exemplos práticos da ética cristã na vida ministerial

A ética cristã é fundamental para qualquer cristão, especialmente para aqueles que estão envolvidos em atividades ministeriais. Os líderes religiosos são chamados a serem exemplos de conduta ética e moral para suas congregações, e isso requer que eles vivam de acordo com princípios bíblicos e teológicos. No entanto, não se deve confundir ética com espírito de covardia. O apóstolo Paulo escreveu em 2 Timóteo 1:7: "Pois Deus não nos deu espírito de covardia, mas de poder, de amor e de equilíbrio".

Um dos princípios éticos mais importantes para a vida ministerial é a honestidade. Os líderes religiosos devem ser transparentes em suas ações e decisões, evitando qualquer forma de engano ou falsidade. O apóstolo Paulo ensinou em 2 Coríntios 4:2: "Pelo contrário, rejeitamos os métodos secretos e vergonhosos; não usamos de engano, nem torcemos a palavra de Deus. Pelo contrário, apresentamo-nos à consciência de todos diante de Deus como pessoas que agem com integridade, que falam a verdade em Cristo".

Além da honestidade, a ética cristã também exige que os líderes religiosos sejam justos em suas ações e decisões. Isso significa tratar todos igualmente, sem favorecer nenhum membro da congregação em detrimento de outros. O profeta Miquéias declarou em 6:8: "Ele lhe mostrou, ó homem, o que é bom e o que o Senhor exige: pratique a justiça, ame a fidelidade e ande humildemente com o seu Deus".

Outro aspecto importante da ética cristã na vida ministerial é a responsabilidade social. Os líderes religiosos devem estar atentos às necessidades da comunidade em que estão inseridos e agir em prol do bem comum. Isso significa envolver-se em atividades sociais e promover ações que visem à justiça e à paz. O apóstolo Tiago afirmou em 2:17: "Assim também a fé, por si só, se não for acompanhada de obras, está morta".

A aplicação prática da ética cristã na vida ministerial envolve ainda a humildade e o amor ao próximo. Os líderes religiosos devem estar dispostos a ouvir as opiniões e sugestões de seus congregados e a tratar a todos com amor e respeito. O apóstolo Pedro ensinou em 1 Pedro 5:5: "De igual modo, vocês que são mais jovens, aceitem a autoridade dos mais velhos. E todos vocês, estejam unidos no mesmo propósito. Tratem os outros com amor e aceitem uns aos outros".

Em resumo, a ética cristã deve estar presente em todas as áreas da vida, inclusive na vida ministerial. Os líderes religiosos devem viver de acordo com os princípios bíblicos e teológicos, agindo com honestidade, justiça, responsabilidade social, humildade e amor ao próximo. Somente assim poderão ser verdadeiros exemplos para suas congregações e contribuir para a edificação do Reino de Deus na terra.

MÓDULO X

ADMINISTRAÇÃO E GESTÃO NA IGREJA LOCAL

No décimo módulo, abordaremos de maneira abrangente a "Administração e gestão na igreja local", um recurso imperativo para membros que buscam aprimorar suas habilidades em questões administrativas e de gestão eclesiástica. Este módulo proporcionará aos participantes uma compreensão profunda dos princípios fundamentais de administração, explorando a estrutura organizacional da igreja, gestão financeira, recursos humanos, planejamento estratégico e estudos de caso para aplicação prática dos conhecimentos adquiridos. A gestão eficaz da igreja desempenha um papel crucial, assegurando transparência e responsabilidade na gestão de recursos e contribuindo para o crescimento e impacto na comunidade local. Ao término do módulo, os participantes estarão equipados com habilidades práticas e teóricas para administrar a igreja local de forma eficaz, não apenas beneficiando suas vidas, mas também fortalecendo seus ministérios. Este módulo representa uma oportunidade valiosa para os membros adquirirem conhecimentos em administração e gestão, aplicando essas competências em suas vidas e ministérios, com a expectativa de que a igreja local seja gerida de maneira mais eficiente, impactando positivamente a comunidade em que está inserida.

Administração e gestão na igreja local

A administração e gestão são elementos fundamentais para o bom funcionamento de qualquer organização, e isso também se aplica à igreja local. Como instituição que lida com questões espirituais e sociais, é importante que a igreja tenha uma boa estrutura administrativa e uma gestão eficiente para cumprir sua missão e alcançar seus objetivos.

A igreja Batista é uma das denominações cristãs mais conhecidas em todo o mundo, e tem uma forte ênfase na autonomia das igrejas locais. Isso significa que cada igreja tem sua própria liderança e estrutura administrativa, embora estejam conectadas por meio de uma convenção nacional. Portanto, é ainda mais importante que cada igreja Batista local tenha uma administração e gestão adequadas.

A Bíblia oferece diretrizes e princípios que podem orientar a administração e gestão da igreja local. Por exemplo, em 1 Coríntios 14:40, Paulo escreve: "Tudo, porém, seja feito com decência e ordem". Isso significa que a igreja deve ter processos bem definidos e organizados para garantir que as atividades sejam realizadas de maneira adequada e eficiente.

Além disso, existem teóricos da administração que podem oferecer insights valiosos sobre como gerenciar a igreja local. Por exemplo, Peter Drucker, considerado o pai da administração moderna, enfatizou a importância da definição clara de objetivos e metas para uma organização. Isso pode ser aplicado à igreja local, que deve ter uma visão clara e objetivos bem definidos para alcançar sua missão.

A teóloga Valnice Milhomens também aborda a importância da administração na igreja, em seu livro *A igreja do século 21*. Ela destaca a necessidade de a igreja ter uma estrutura organizacional que permita que os dons e talentos dos membros sejam identificados e utilizados para o bem comum. Isso é fundamental para o crescimento e desenvolvimento da igreja.

Em resumo, a administração e gestão são essenciais para a efetividade da igreja Batista local. Com base em princípios bíblicos e teorias da administração, é possível estabelecer processos e estruturas que permitam que a igreja cumpra sua missão e alcance seus objetivos. Cada membro da igreja deve se envolver e contribuir para que a administração e gestão sejam eficientes e eficazes.

Administração e gestão: assembleia de membros, conselho de diáconos ou comitê executivo

A administração e gestão são aspectos fundamentais para o bom funcionamento de uma igreja local, independentemente da sua denominação. A assembleia de membros, o conselho de diáconos ou o comitê executivo são órgãos importantes para a tomada de decisões e planejamento estratégico da igreja.

Para uma boa administração e gestão, é necessário o conhecimento e aplicação de princípios básicos de administração, como planejamento, organização, direção e controle. Alguns teóricos da administração, como Fayol e Taylor, desenvolveram teorias que podem ser aplicadas na igreja, adaptando-se à sua realidade e objetivos.

É importante lembrar que a administração e gestão na igreja devem estar alinhadas com os princípios bíblicos e valores cristãos, tendo sempre como objetivo a edificação e crescimento do corpo de Cristo.

A Bíblia também nos ensina sobre a importância da participação e envolvimento dos membros da igreja na tomada de decisões e serviço na obra de Deus. Em Provérbios 15:22, está escrito: "Os projetos fracassam por falta de conselho, mas são bem-sucedidos quando há muitos conselheiros".

A teóloga Valnice Milhomens, em seu livro *Construindo a igreja, casa de Deus*, destaca a importância de uma liderança capacitada e de uma estrutura organizacional bem definida na igreja, para que haja efetividade na execução dos planos e projetos.

Por fim, é fundamental que a igreja local tenha uma visão clara e definida de seus objetivos e metas, buscando sempre a glória de Deus em tudo o que faz. A administração e a gestão são ferramentas importantes para alcançar essa missão.

Estrutura organizacional da igreja e gestão de finanças na igreja

A igreja, assim como qualquer outra organização, precisa ter uma estrutura organizacional bem definida e eficiente para cumprir sua missão e objetivos. Na gestão de uma igreja, uma das áreas mais críticas é a gestão de finanças, pois os recursos financeiros são fundamentais para o cumprimento da missão da igreja.

É importante que a igreja tenha uma equipe responsável pela gestão financeira, que seja competente e comprometida com a transparência e a ética. Além disso, a igreja deve ter um sistema de controle financeiro eficiente, que permita a identificação e correção de eventuais desvios e fraudes.

A estrutura organizacional da igreja também deve ser claramente definida, com a definição de papéis e responsabilidades de cada membro e equipe, a fim de garantir a eficiência e a harmonia na realização das atividades da igreja.

No livro de Provérbios, encontramos a seguinte orientação: "Honra ao Senhor com os teus bens e com as primícias de toda a tua renda" (Provérbios 3:9). É importante que a gestão financeira da igreja seja feita de maneira responsável e transparente, de modo que os recursos sejam usados para cumprir a missão da igreja de forma efetiva.

Alguns teóricos da administração, como Peter Drucker, defendem que a gestão financeira é um elemento fundamental para a sobrevivência e o sucesso das organizações. Por isso, é importante que a igreja invista na formação e capacitação de líderes e equipes responsáveis pela gestão financeira e pela estrutura organizacional.

Além disso, a teóloga Valnice Milhomens defende que a igreja deve estar atenta às necessidades da comunidade local e global, e que o uso dos recursos financeiros deve ser direcionado para a promoção da justiça social e da paz, cumprindo assim sua missão de ser uma luz para o mundo.

Gestão de recursos humanos na igreja local

A gestão de recursos humanos é fundamental para o bom funcionamento de qualquer organização, inclusive a igreja. Na igreja Batista, a gestão de recursos humanos é ainda mais importante, pois a igreja depende em grande parte do trabalho voluntário de seus membros.

Para garantir que a igreja possa realizar sua missão de maneira eficaz, é necessário que haja um planejamento estratégico adequado. Isso envolve a definição de metas e objetivos claros, a identificação dos recursos necessários para alcançá-los e a alocação desses recursos de maneira eficiente.

Além disso, é necessário ter uma gestão de recursos humanos eficaz para garantir que a igreja possa contar com membros capacitados e comprometidos com sua missão. Isso inclui a seleção cuidadosa de líderes e voluntários, o treinamento e capacitação desses membros e a avaliação de seu desempenho.

A Bíblia nos ensina que cada membro do corpo de Cristo tem um papel importante a desempenhar na igreja (1 Coríntios 12:12–27), e é responsabilidade da liderança da igreja identificar esses dons e talentos e utilizá-los de maneira eficaz para a realização da missão da igreja.

A gestão de recursos humanos na igreja Batista deve ser guiada pelos princípios bíblicos de amor ao próximo, justiça e serviço (1 Coríntios 13; Filipenses 2:3–4). É importante que a liderança da igreja esteja aberta ao diálogo e à colaboração, ouvindo as necessidades e preocupações de seus membros e trabalhando em conjunto para alcançar os objetivos da igreja.

Princípios da teoria da administração na gestão da igreja local

A administração é um tema crucial para a gestão efetiva da igreja local. A teoria da administração pode ajudar a igreja a se organizar, planejar e alcançar suas metas de forma mais eficiente. Um dos principais princípios da teoria da administração é a divisão de trabalho, que pode ser aplicada na igreja por meio da criação de diferentes departamentos e ministérios, cada um com sua função específica.

Outro princípio importante é a hierarquia, que pode ser representada na igreja pela existência de líderes e pastores responsáveis por liderar e orientar a congregação. A comunicação efetiva também é um fator-chave na administração da igreja, permitindo que todos estejam cientes das decisões tomadas e das metas estabelecidas.

A aplicação desses princípios pode ajudar a igreja a crescer e atingir seus objetivos de forma mais organizada e estruturada. Além disso, é importante lembrar que a administração deve estar sempre em consonância com os valores e princípios bíblicos, que são a base da missão da igreja.

O livro *Administração na igreja*, de Robert L. Lewis, apresenta conceitos importantes de teoria da administração aplicados à gestão da igreja local, oferecendo uma visão prática e relevante sobre o tema. Outra referência importante é o livro *Gestão eclesiástica*, de João Carlos Cunha, que aborda de forma clara e objetiva a aplicação dos princípios de administração na igreja.

A Bíblia também traz importantes ensinamentos sobre liderança e administração, como em Provérbios 15:22, que diz: "Os planos fracassam por falta de conselho, mas com muitos conselheiros há sucesso". É fundamental que a igreja busque a orientação de Deus em todas as suas decisões e ações, colocando sempre em primeiro lugar a vontade do Senhor.

Denominação cristã Batista: uma retrospectiva histórica de 1609 a 2024

A denominação cristã Batista é caracterizada por uma rica história que remonta ao início do século XVII. Sua trajetória é marcada por princípios distintivos que delineiam sua identidade, sendo oito destes notáveis na Igreja Batista Tradicional, e estes estão intrinsecamente ligados à Confissão de Londres de 1644.

A primeira marca distintiva é a Autoridade Soberana da Bíblia, refletindo a crença na inspiração verbal e plena da Palavra de Deus. Essa convicção, alinhada à Confissão de Londres, destaca a centralidade das Escrituras na teologia batista. A autonomia total da igreja local, a segunda característica, está em sintonia com o princípio de governo congregacional expresso na Confissão.

O terceiro distintivo, o Sacerdócio Individual do Salvo, reflete a ênfase na responsabilidade pessoal de cada crente diante de Deus. A prática do Batismo e da Santa Ceia, quarto distintivo, encontra respaldo na Confissão de Londres, que confirma a importância dessas ordenanças na vida da igreja.

A Liberdade Individual dos Salvos, quinta marca distintiva, destaca-se como um princípio caro aos batistas, alinhando-se com a confissão que reafirma a liberdade de consciência. A Membresia de Salvos, sexto distintivo, reflete o compromisso com uma igreja composta por membros regenerados, coerente com a visão batista expressa na Confissão de Londres.

Os dois cargos de Pastor e Diácono (sétimo distintivo) são fundamentais na estrutura eclesiástica, e a Separação da Igreja e do Estado (oitavo distintivo) é um princípio que ecoa na Confissão, delineando a independência da igreja em relação ao poder secular.

Ao analisar os Movimentos Batistas desde o século XVI, destaca-se a perspectiva que os divide em Gerais e Particulares. O Batismo por Imersão é um marco histórico apoiado por John Smyth e Thomas Helwys, cujas ideias divergentes resultaram na formação de congregações distintas. Os batistas gerais, influenciados pelo arminianismo, defendiam a salvação para todos, enquanto os particulares a limitavam aos eleitos.

Os Batistas Gerais, como John Smyth e Thomas Helwys, enfrentaram desafios, tais como o declínio causado pelas influências dos menonitas e o surgimento de práticas questionáveis, como o casamento restrito aos membros da igreja. Contudo, em 1609, produziram uma confissão de fé que, embora tenha parte questionada, serviu de base histórica para a evolução da tradição batista conhecida em nossos dias. Os Batistas Particulares, por sua vez, defendiam a ideia de um sacrifício exclusivo para a igreja eleita, conforme expresso na Confissão de Fé de 1644 e na Confissão de Fé de Filadélfia de 1689. No entanto, enfrentaram desafios como o liberalismo e as consequências do hipercalvinismo, evidenciado nos escritos de Andrew Fuller, autor de *O evangelho digno de toda aceitação*. O ciclo missionário eclodiu em 1792 com a fundação da Associação Batista Missionária, liderada por William Carey. Esse período marcou um crescimento significativo para os batistas, culminando na formação de igrejas independentes e na adesão à Aliança Batista Mundial.

Em resumo, a história dos batistas de 1609 a 2024 é uma narrativa de crescimento, desafios e compromisso com os princípios distintivos que moldaram essa denominação ao longo dos séculos. Sua contribuição para o cenário religioso global é evidente, refletindo-se na unidade dentro da Aliança Batista Mundial ou na organização de igrejas independentes, tornando-os uma presença significativa no panorama cristão contemporâneo.

Batistas e a luta pela liberdade religiosa: um olhar à luz do contexto universal da Igreja

No século 17, na Inglaterra, os Batistas emergiram como protagonistas na batalha pela liberdade religiosa, confrontando a presença dominante da religião oficial, o anglicanismo, onde o rei era o titular da igreja. A adesão à igreja estatal era obrigatória, impondo o batismo na igreja anglicana a todos os recém-nascidos, sem espaço para liberdade religiosa. Naqueles tempos, recusar o batismo na igreja anglicana significava perder os direitos civis, com consequências que variavam de severas punições como prisão e exílio, até a pena de morte.

Os Batistas iniciaram sua busca pela liberdade religiosa e pela separação entre igreja e Estado, fundamentando suas práticas no batismo exclusivo em adultos. Foi assim que, na Inglaterra, um pequeno grupo de nascidos de novo, liderados pelo pastor anglicano dissidente John Smith e pelo advogado Thomas Helwys, começou a batizar adultos e a pregar a liberdade religiosa no país. Por isso, foram perseguidos pelo rei e tiveram que fugir para a Holanda, onde, na época, existia liberdade religiosa. Foi na Holanda, em 1609, que lideraram um pequeno grupo de cristãos e podemos historicamente considerar que fundaram a primeira igreja batista no mundo.

Thomas Helwys retornou à Inglaterra e, em 1612, redigiu um texto cujo título foi "Uma breve declaração do mistério da iniquidade", afirmando que o rei não detinha poder sobre as almas imortais dos súditos e que a religião era uma questão privada entre Deus e o indivíduo. Helwys foi preso e posteriormente morto em 1616, mas suas ideias foram disseminadas, influenciando John Murton, que publicou obras a favor da separação dos reinos terrenos e espirituais. No entanto, apesar de considerarmos a primeira igreja Batista fundada em 1609 na Holanda, tendo como seu primeiro pastor John Smith, historicamente podemos considerar a organização dos Batistas como uma denominação religiosa a partir de 1644, com a redação do documento chamado "A primeira confissão de fé de Londres", inspirado nas ideias de Murton e Helwys.

REFERÊNCIAS BIBLIOGRÁFICAS

ANDERSON, L.; MYLANDER, C. *Church fellowship*: working together for the truth. Nashville, TX: Gospel Advocate Company, 2016.

ARISTÓTELES. *Ética a Nicômaco*. São Paulo: Martin Claret, 2001.

BASS, D. B. *Christianity after religion*: the end of church and the birth of a new spiritual awakening. San Francisco, CA: HarperOne, 2013.

BAXTER, J. S. *Explore a Bíblia*. São Paulo: Vida Nova, 2005.

BARTH, K. *Dogmática eclesiástica*. São Paulo: Fonte Editorial, 2012.

BERKHOF, L. *Systematic theology*. Grand Rapids, MI: Eerdmans, 1941.

BÍBLIA SAGRADA. Tradução de João Ferreira de Almeida. São Paulo: Sociedade Bíblica do Brasil, 2015.

BOICE, J. M. *A vida vitoriosa*: vivendo em conformidade com a vontade de Deus. São Paulo: Editora Cultura Cristã, 2016.

BOUNDS, E. M. *Poder através da oração*. São Paulo: Betânia, 2008.

BRUCE, F. F. *A história do Novo Testamento*. São Paulo: Vida Nova, 2017.

BLOMBERG, C. L. *Jesus e os evangelhos*: uma introdução e estudo histórico-teológico. São Paulo: Vida Nova, 2018.

BONHOEFFER, D. *Vida em comunhão*. São Paulo: Mundo Cristão, 2010.

BOSCH, D. J. *Missão transformadora*: mudanças de paradigma na teologia da missão. São Paulo: Vida Nova, 2002.

BURNS, J. *Discipleship essentials*: a guide to building your life in Christ. Downers Grove, IL: InterVarsity Press, 2007.

CALVINO, J. *As institutas da religião cristã*. São Paulo: Editora Cultura Cristã, 2006.

CARTER, T. G.; LESTER, B. *O livro do líder de ministério*. São Paulo: Vida Nova, 2014.

CHAMBERS, O. *My utmost for his highest*. Grand Rapids, MI: Discovery House, 1992.

CHAMPLIN, R. N. *Enciclopédia de Bíblia, Teologia e Filosofia*. São Paulo: Hagnos, 2008.

CLOUD, H.; TOWNSEND, J. *Boundaries*: when to say yes, how to say no, to take control of your life. Grand Rapids, MI: Zondervan, 1992.

COLLINS, C. J. *The doctrine of the church*. Wheaton, IL: Crossway, 1988.

CRABB, L. *Effective biblical counseling*: a model for helping caring Christians become capable counselors. Grand Rapids, MI: Zondervan, 1977.

CROSSAN, J. D. *Jesus*: a revolutionary biography. New York, NY: Harper Collins, 1994.

CARSON, D. A. *Oração*: como chamar a atenção de Deus. São José dos Campos: Editora Fiel, 2018.

DE PREE, M. *Leadership is an art*. New York, NY: Crown Business, 2004.

DEVER, M. *O que é uma igreja saudável?* São José dos Campos: Editora Fiel, 2012.

DAVIDSON, O. R. *Como desenvolver líderes eficazes*. Rio de Janeiro: CPAD, 2003.

DRUCKER, P. F. *Administração*: tarefas, responsabilidades e prática. São Paulo: Pioneira Thomson Learning, 2001.

ERICKSON, M. *Christian theology*. Grand Rapids, MI: Baker Academic, 2001.

FOSTER, R. J. *Celebration of discipline*: the path to spiritual growth. San Francisco, CA: Harper & Row, 1988.

FOSTER, R. J. *Celebração da disciplina*. São Paulo: Editora Vida, 1995.

FROST, M.; HIRSCH, A. *The shaping of things to come innovation and mission for the 21st-century church*. Peabody, MA: Hendrickson Publishers, 2013.

GEISLER, N. *Ética cristã*: alternativas e questões contemporâneas. São Paulo: Vida Nova, 2010.

GEISLER, N. L.; NIX, W. E. *Introdução geral à Bíblia*. São Paulo: Vida Nova, 1997.

GONZALEZ, J. L. *The story of christianity*: the early church to the dawn of the Reformation. New York: HarperOne, 2010.

GREEN, M. *Chamado para servir*: como descobrir e usar seus dons espirituais. São Paulo: Vida, 2011.

GREENLEAF, R. K. *The servant as leader*. Indianapolis, IN: The Robert K. Greenleaf Center, 2008.

GREND, S. J. *Theology for the community of God*. Grand Rapids, MI: Eerdmans, 2000.

GREND, S. J.; OLSON, R. E. *Teologia contemporânea*: introdução às principais correntes teológicas dos séculos XX e XXI. São Paulo: Vida Nova, 2003.

GRUDEM, W. *Teologia sistemática*: atual e exaustiva. São Paulo: Vida Nova, 1999.

GROESCHEL, C. *Fight*: ganhando a batalha de sua mente. Rio de Janeiro: Thomas Nelson Brasil, 2014.

HARRINGTON, M. *A igreja como organização*. São Paulo: Paulinas, 2008.

HAUERWAS, S. *Ética cristã para o mundo contemporâneo*. São Paulo: Editora Unesp, 2016.

HOLT-LUNSTAD, J.; SMITH, T. B.; LAYTON, J. B. Social relationships, and mortality risk: a meta-analytic review. *PLOS Medicine*, v. 7, n. 7, e1000316, 2010.

HOUAISS, A. *Dicionário Houaiss da Língua Portuguesa*. Rio de Janeiro: Objetiva, 2001.

HOSMER, L. T. *The ethics of management*. 7. ed. New York: McGraw-Hill, 2011.

JEMISON, G. W. The church as a community of diversity: a reconciliation perspective. *Journal of Religious Thought* 52, n. 2, p. 31–44, 1995.

JOHNSON, D. W. *A igreja em tempos de crise*: uma reflexão ética. São Paulo: Editora Vida Nova, 2019.

JONES, T. *The new christians*: dispatches from the emergent frontier. San Francisco, CA: Jossey-Bass, 2008.

KÄSEMANN, E. *Perspectivas no Novo Testamento*. São Paulo: Novo Século, 2013.

KELLER, T. *Centro da cidade*: como a igreja pode e deve influenciar a cidade. São Paulo: Vida Nova, 2017.

KUYPER, A. *The work of the Holy Spirit*. New York, NY: Funk & Wagnalls, 1898.

LADD, G. E. *Teologia do Novo Testamento*. São Paulo: Hagnos, 2003.

LARSON, D. K.; OSBORNE, L. A. *The teaching ministry of the church*. 2. ed. Grand Rapids, MI: Baker Academic, 1999.

LÉON-DUFOUR, X. *Vocabulário de teologia bíblica*. São Paulo: Loyola, 2000.

LEWIS, R. L. *Administração na igreja*. São Paulo: Editora Vida, 2002.

LUTERO, M. *A liberdade cristã*. São Leopoldo: Editora Sinodal, 2012

MACARTHUR, J. *Pastoral ministry*: how to shepherd biblically. Nashville, TX: Thomas Nelson, 2018.

MAXWELL, J. C. *Liderança*. São Paulo: Editora Thomas Nelson Brasil, 2010.

MAYEW, K. Pastoral care. *In*: TAYLOR, M. *The encyclopedia of christianity*. New York, NY: Wiley-Blackwell, 2018.

MCINTOSH, G. L. *One size does not fit all*: bringing out the best in any size church. Grand Rapids, MI: Baker Books, 1999.

MCGRATH, A. E. *Teologia sistemática*: uma introdução à doutrina cristã. São Paulo: Shedd Publicações, 2019.

MCKNIGHT, S. *Kingdom conspiracy*: returning to the radical mission of the local church. Ada, MI: Brazos Press, 2014.

MCNEAL, R. *A comunidade centrada em Jesus*: uma abordagem prática para o discipulado. São Paulo: Editora Vida Nova, 2003.

MELLADO, C. *O modelo de liderança de Jesus*. São Paulo: Editora Vida Nova, 2011.

MILHOMENS, V. *A história do avivamento na igreja*. São Paulo: Palavra, 2011.

MILHOMENS, V. *Ministérios no corpo de Cristo*. 2. ed. São Paulo: United Press, 2014.

MOHLER, A. *The Baptist faith and message*. Nashville, TX: Broadman & Holman, 2000.

MOLTMANN, J. *Teologia da esperança*. São Paulo: Editora Perspectiva, 2012.

MURRAY, A. *A Vida de Oração*. São Paulo: Editora Mundo Cristão, 2003.

NEWBIGGIN, L. *O evangelho em uma sociedade pluralista*. São Paulo: Vida Nova, 2008.

NIEBUHR, R. *Moral man and immoral society*: a study in ethics and politics. Louisville: Westminster John Knox Press, 2013.

OATES, W. *Ética ministerial*. São Paulo: Editora Batista Regular, 2017.

OWEN, D. M. *Where two or three are gathered*: transforming the parish through communities of practice. Collegeville, MI: Liturgical Press, 2012.

PACKER, J. I. *Knowing God*. Downers Grove, IL: InterVarsity Press, 1973.

PATTERSON, R. D. *Growing the church*: a guide for people of all ages. Grand Rapids, MI: Kregel Publications, 2004.

PERKINS, J. *A cruz e o punhal*: uma visão cristã para transformar o mundo. São Paulo: Editora Ultimato, 2019.

PETTY, J. D. *Making disciples*: a handbook of christian moral formation. Ada, MI: Brazos Press, 2014.

PIPER, J. *Adoração*: a supremacia de Deus em culto. São José dos Campos: Fiel, 2007.

PIPER, J. *Desiring God*. São Paulo: Editora Fiel, 2010.

PIPER, J. *Brothers, we are not professionals*. Nashville, TX: Broadman & Holman, 2013.

REIMER, H. *Care of souls*: revisioning christian nurture and counsel. Grand Rapids, MI: Baker Academic, 1998.

ROBBINS, S. P. *Administração*: mudanças e perspectivas. São Paulo: Saraiva, 2002.

RYRIE, C. C. *Teologia básica*. São Paulo: Mundo Cristão, 2018.

SHEDD, R. *Ética cristã na igreja local*. São Paulo: Vida Nova, 1993.

SITTSER, J. *Love one another*: becoming the church Jesus longs for. Downers Grove, IL: InterVarsity Press, 2015.

SPURGEON, C. H. *A oração*: seus segredos e seus benefícios. 3. ed. São Paulo: PES, 1990.

SPURGEON, C. *O dom gratuito da salvação*. Curitiba: Editora PES, 2018.

STETZER, E.; PUTMAN, D. *Plantando igrejas saudáveis*: multiplicando o evangelho, expandindo a missão. São Paulo: Vida Nova, 2016.

STOTT, J. *A Bíblia e a vida cristã*: guia de estudos. São Paulo: ABU Editora, 2016.

STROBEL, L. *Em defesa da fé*. São Paulo: Vida Nova, 2000.

TALBOT, J. M. *Música e vida espiritual*: práticas monásticas para a vida cotidiana. São Paulo: Vida Nova, 2013.

TERTULIANO. *Apologias*. São Paulo: Paulus, 2005.

TIDWELL, C. E. *A arte do aconselhamento cristão*. São Paulo: Editora Vida, 1999.

TIDWELL, J. B. *A history of the Baptists*: traced by their vital principles and practices. Michigan, USA: Kessinger Publishing, 2010.

TOWNER, P. H. *The letters to Timothy and Titus*. Grand Rapids, MI: Eerdmans, 2006.

TOZER, A. W. *O conhecimento do santo*. São Paulo: Mundo Cristão, 2015.

TOZER, A. W. *Worship*: the missing jewel. Springfield, MO: Christian Publications, 1980.

TOWNSEND, J. *Who's pushing your buttons?* Handling the difficult people in your life. Grand Rapids, MI: Zondervan, 2004.

VANHOOSER, K. J.; STRACHAN, O.; GUNTON, C. E. *The pastor as public theologian*: reclaiming a lost vision. Grand Rapids, MI: Baker Academic, 2015.

WARREN, R. *Uma igreja com propósitos*. São Paulo: Editora Vida, 2013.

WHITNEY, D. S. *Disciplinas espirituais para a vida cristã*. São Paulo: Vida Nova, 2015.

WAGNER, C. P. *Church planting for a greater harvest*: a comprehensive guide. Grand Rapids, MI: Baker Books, 2002.

WILLARD, D. *A conspiração divina*. São Paulo: Editora Vida, 2015.

WESLEY, J. *Graça gratuita*. São Paulo: Editora Mundo Cristão, 2016.

WEBBER, R. E. *A arte da adoração*. São Paulo: Editora Vida, 2012.

WASHER P. *A Verdadeira Obra de Deus*. São Paulo: Editora Fiel, 2010.

WHITNEY, D. *Disciplinas espirituais para a vida cristã*. São Paulo: Editora Vida, 2012.

WILLARD, D. *A grande omissão*: reencontrando a nossa missão original. São Paulo: Editora Mundo Cristão, 2011.

WIERSBE, W. W. *O ministério segundo Jesus*. São Paulo: Editora Vida Nova, 2014.

YOUNG, J. *Leadership in the church*: how traditional roles can help serve the christian community today. Downers Grove, IL: IVP Academic, 2016.